Vernichtet, vergraben, neu erstanden

Martin Helmstedt
Ulrich Stötzner

Vernichtet
vergraben
neu erstanden

Die Universitätskirche St. Pauli zu Leipzig

Herausgegeben vom Paulinerverein – Bürgerinitiative zum
Wiederaufbau von Universitätskirche und Augusteum in Leipzig e.V.

EVANGELISCHE VERLAGSANSTALT
Leipzig

Frontispiz: Universitätskirche, Ostfassade 1968

Bibliographische Information der Deutschen Nationalbibliothek
Die Deutsche Nationalbibliothek verzeichnet diese Publikation in der
Deutschen Nationalbibliographie; detaillierte bibliographische Daten
sind im Internet über http://dnb.dnb.de abrufbar.

© 2015 by Evangelische Verlagsanstalt GmbH · Leipzig
Printed in Germany · H 7861

Das Buch wurde auf alterungsbeständigem Papier gedruckt.

Gesamtgestaltung: Andreas Stötzner, Leipzig
Umschlagfoto: Gerd Mucke, Leipzig
Druck und Binden: BELTZ Bad Langensalza GmbH

ISBN 978-3-374-04040-7

www.eva-leipzig.de

Es soll durch dich wieder aufgebaut werden,
was lange wüst gelegen hat,
und du wirst wieder aufrichten,
was vorzeiten gegründet ward.

Jesaja 58,12

Vorwort

Tradition ist nicht das Halten der Asche,
sondern das Weitergeben der Flamme.

Thomas Morus

In den Jahrzehnten nach dem Zweiten Weltkrieg wurden in Deutschland und in vielen europäischen Ländern die Wunden geschlossen, die der Krieg an historischen Gebäuden hinterlassen hatte. Neubau und Wiederaufbau hielten sich die Waage. Historisch echte Bausubstanz, wo sie erhalten war, wurde eingefügt oder dominierte die Silhouetten der neuen Gebäude. Dabei wurden die Fragen zur historischen Echtheit von Kunsthistorikern und Architekten immer wieder neu gestellt und in spezifischer Art und Weise beantwortet.

In Deutschland folgt man dabei den Worten des Kunsthistorikers Georg Dehio (1850–1932): „Den Raub der Zeit durch Trugbilder ersetzen zu wollen, ist das Gegenteil von historischer Pietät." In unserem Nachbarland Polen dagegen achtet man den Nachbau verlorener historischer Substanz als identitätsstiftendes Abbild, statt es als Trugbild zu ächten.

Trugbild oder identitätsstiftendes Abbild? An dieser Frage scheiden sich die Geister. Dehio kannte weder die jahrhundertealten buddhistischen Götterbilder von Bamiyan, die von den Taliban 2001 aus religiösem Hass zerstört wurden, noch Walter Ulbricht und Paul Fröhlich, die Vergleichbares 1968 an der Leipziger Universitätskirche initiierten, die den Zweiten Weltkrieg fast unbeschadet überstanden hatte. Ihr Wiederaufbau war eine Forderung der Leipziger, die schon 1968 erhoben wurde, während der ersten Monate der Friedlichen Revolution wieder auflebte und bis heute fortwirkt.

Hier also ging es nicht, wie in den anderen Fällen, um den (vergleichsweise unproblematischen) Wiederaufbau einer Kriegsruine. Die schöne und lebendige gotische Universitätskirche war für viele Heimstatt und Identität zugleich. Ihre sinnlose Vernichtung aus Hass gegenüber dem christlichen Glauben hat ein Trauma erzeugt, das bei vielen Leipzigern noch immer tief sitzt. Wir wurden gedemütigt, aber es wurde auch unser Widerstand geweckt. Mit einem historisch echten Abbild sollte weder das Geschehene gesühnt noch Buße getan werden für etwa versäumten Protest. Gegen das Trauma wollten wir die historische Tradition setzen und unserer Stadt, sowieso aber der Universität ein schönes und würdiges und – wie ehemals – als Kirche und Aula nutzbares Gebäude schenken.

Damit verknüpft ist das Wirken des Paulinervereins, einer Leipziger Bürgerinitiative mit nationaler und internationaler Ausstrahlung. Wir, die Verfasser, standen viele Jahre zusammen mit zahlreichen Gleichgesinnten als Vorsitzende an der Spitze dieses Vereins. Es ist an der Zeit, zusammenfassend die Handlungen und Diskussionen darzustellen, die der Sache des Wiederaufbaues dienten, aber auch die damit verbundenen widerstreitenden Meinungen und Diskussionen. Wir möchten mit diesem Buch in kurzer Form die Geschichte der Leipziger Universitätskirche, ihre Zerstörung im Jahr 1968 und die vielfältigen Probleme des Wiederaufbaues nach 1989 darstellen.

Die Initiierung, die Begleitung und Förderung des Wiederaufbaus, eines Projektes von solch einer Dimension und Tiefe über einen sehr langen Zeitraum von bisher 23 Jahren, bedurfte eines langen Atems. Deshalb ist dieses Buch vor allem ein Dank an die vielen engagierten Mitstreiter. Dabei meinen wir sowohl die praktische Mithilfe bei der Organisation der Arbeit der Bürgerinitiative als auch und vor allem das Mit- und Weiterdenken bei schwierigen Fragen und Entscheidungen, die es zu treffen galt.

Wir danken dem gegenwärtig amtierenden Vorstand für die Anregung zu diesem Buch und kritische Diskussion. Die Autoren danken weiterhin allen, die durch Beiträge, Recherchen und die Bereitstellung von Bildmaterial zum Entstehen dieser Dokumentation beigetragen haben, sowie Christine Genest, Klaus Knödel, Gerd Mucke, Reiner Pietag, Thorsten Reich und Wieland Zumpe. Allen Mitgliedern des Paulinervereins und Freunden der Universitätskirche sei Dank für ihre Treue zur Bürgerinitiative und zur gemeinsamen Aufgabe.

Martin Helmstedt und Ulrich Stötzner
Im November 2014

Inhalt

Gegenwart und Zukunft

Zur Geschichte
der Universitätskirche

Universitätskirche und Dormitorium,
vor 1830

Von der Klosterkirche der Dominikaner zur Universitätskirche

MARTIN HELMSTEDT

Nach 1220 besiedelte der Dominikanerorden, von Westen kommend, das Land westlich der Elbe. 1229 erbauten die Mönche ein Kloster innerhalb der Stadtmauern von Leipzig, neben dem Grimmaischen Tor. Den Bauplatz erhielt der Orden als Geschenk von Ritter Heinrich von Warin. Der Baugrund ging also in Ordensbesitz über. Schon 1240 wurde die Klosterkirche durch den Magdeburger Erzbischof Hildebrand geweiht. Leider gibt es keine bildliche Darstellung des Klosters und dieser Kirche. Die Fachleute aber sind sich einig, dass sie der annähernd gleichzeitig errichteten Dominikanerkirche in Halberstadt, der heutigen Katharinenkirche, ähnlich war.

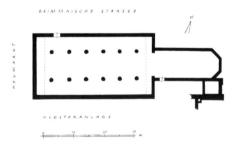

Hypothetische Rekonstruktion
(Hütter et al. 1995)

Noch aus dieser mittelalterlichen Klosteranlage, wenn auch aus späterer Zeit, stammen die Fresken, die seit 2012 das Neue Augusteum schmücken. Sie wurden übermalt, waren in Vergessenheit geraten und wurden erst im 19. Jahrhundert wiederentdeckt und geborgen. Dargestellt sind Stammbäume der Dominikanerinnen und Dominikaner und biblische Szenen. Es sind die einzigen erhaltenen figürlichen mittelalterlichen Wandmalereien in Leipzig.

Fresken aus dem Dominikanerkloster

Vor allem in der zweiten Hälfte des 15. Jahrhunderts blühte der Ablasshandel. Der bekannte Ablassprediger Johann Tetzel war Mitglied des Dominikanerkonvents und fand seine letzte Ruhestätte im Chor der Klosterkirche St. Pauli. Er war es, der den bekannten Satz prägte: „Wenn das Geld im Kasten klingt, die Seele aus dem Fegefeuer in den Himmel springt." Die Baumaßnahmen an der Kirche wurden insbesondere durch einen Ablassbrief gefördert, den 1484 zehn Kardinäle in Rom ausgestellt hatten.

Johann Tetzel

Denn zwischen 1485 und 1521 wurde die Klosterkirche zur dreischiffigen gotischen Hallenkirche umgebaut und erweitert, deren äußere Maße im heutigen Kirchengebäude annähernd wieder aufleben.

„Sie ist ein schlichter, dreischiffiger Hallenbau, errichtet in den einfachen Formen der niederdeutschen Backsteingotik. Die Pfeiler sind achteckig, ohne Kapitell, das Maßwerk der Fenster zeigt die nüchternen Formen der späten Gotik, dagegen ist von besonderer Schönheit das ungewöhnlich reich durchgeführte Netzgewölbe. Jedes der drei Schiffe fand ursprünglich seinen Abschluss in einem eigenen Chor; der Chorbau war, wie in den Klosterkirchen üblich, durch einen Lettner von den Schiffen getrennt. Die Kirche hatte keinen Turm, sondern begnügte sich mit einem schlanken Dachreiter." [1]

Wer die Schönheit dieser spätgotischen Kirchenhalle nachempfinden möchte, dem sei ein Besuch des Domes in Halle/Saale empfohlen. Ebenfalls von Dominikanern gegründet, ist er heute Heimstatt der Evangelisch-reformierten Gemeinde. Man muss nur wissen, dass die Fassaden der Halleschen Schwesterkirche im Stile der Renaissance verändert wurden, während das Äußere der Leipziger Universitätskirche erst im 19. Jahrhundert in die teilweise neugotische Form gebracht wurde, die die Älteren unter uns noch kennen. Das Innere des Domes in Halle und seine Anmutung aber ähnelt sehr dem der Leipziger Paulinerkirche bis 1968.

Nach der Reformation in Sachsen verließen die Mönche das Kloster, es wurde säkularisiert. Herzog Moritz von Sachsen schenkte es 1544 der (1409 gegründeten) Universität Leipzig. Von dieser Zeit an ist der Baugrund bis heute im Besitz der Universität und damit des Staates, was sich 1968 als folgenschwerer Nachteil gegenüber anderen christlichen Kirchen herausstellen sollte.

Im Zuge der Reformation sollte die Kirche abgebrochen werden, aber kein Geringerer als Martin Luther setzte sich für ihren Erhalt ein. Er widmete die ehemalige Klosterkirche St. Pauli 1545 zur evangelischen Universitätskirche. Sie blieb es bis zu ihrer Vernichtung ungeachtet dessen, dass sie der Universität auch als Aula und Begräbnisstätte diente. Da sie vor der Sprengung 1968 nicht entwidmet wurde, ist sie nach dem hier geltenden evangelischen Kirchenrecht gleichfalls Kirche. [2]

Paulinerkirche und Hortus medicus,
17. Jh.

In seiner Predigt am 12. August 1545 setzte sich Martin Luther mit den Praktiken des Ablasshandels auseinander: „Liebe Freunde, ihr habt [...] gehört, wie Christus über die Stadt Jerusalem geweint und ihre entsetzliche Zerstörung verkündigt hat, weil sie die Zeit ihrer Heimsuchung nicht erkannte. Und wie er danach in den Tempel gegangen ist und anfing, die Käufer und Verkäufer daraus zu vertreiben und sagte: ‚Es steht geschrieben: Mein Haus soll ein Bethaus sein, ihr aber habt es zu einer Mördergrube gemacht'.“

Der Umbau, der 1710 begann, veränderte das Kircheninnere stark: Zweigeschossige Emporen entstanden und das barocke Portal zum Innenhof der Universität, später (1738) auch die Kanzel von Valentin Schwarzenberger, die die mittelalterliche Kanzel ersetzte. Der Altarraum wurde durch Chorschranken neu gegliedert, an denen Epitaphien zum Gedächtnis an Universitätsangehörige Platz fanden.

Als Lazarett und Gefangenenlager diente die Kirche während der Völkerschlacht 1813 und musste danach gründlich renoviert werden. An Stelle einstiger Klosteranlagen entstand von 1831 bis 1834 mit dem Augusteum das erste Hauptgebäude der Universität nach Plänen von Albert Geutebrück, der der Kirche eine einfache Fassade vorblendete. Die bekannte neogotische Fassade nach dem Vorbild des Domes von Orvieto entwarf Arwed Rossbach 1897. Nunmehr eingeschossige Emporen im Stil des Barock und eine gotisierende Ausmalung veränderten das Innere der Kirche weiter in Richtung der Gestalt, die wir bis 1968 kennen.

1   Haugk, 1919.
2   Goerlich/Schmidt, 2009.

Die Ostfassade im 16. (o.),
19. (Geutebrück, m.) und
20. (Roßbach, u.) Jahrhundert

Illustrirte Zeitung.

№ 229.]   Wöchentlich 48 Foliospalten. — Erscheint jeden Sonnabend.   Leipzig, den 20. November 1847.   Vierteljährlicher Preis 2 Thlr. — Einzelne Nummern 7½ Ngr.   [IX. Band.

Jagd- und Forstwesen.

Wir sagten bei unserer nationalökonomischen Besprechung des Landbaues — Nr. 204 —, daß er im weiteren Sinne auch Jagd, Fischerei, Forstwirthschaft, Bergbau umfasse, beschränkten aber unsre damalige Erörterung auf den eigentlichen Ackerbau. Die Viehzucht ward stillschweigend eingegriffen. Ihr selbständiger Betrieb gehört früheren Entwickelungsstufen oder ganz eigenthümlichen örtlichen Verhältnissen an, wie sie theilweise z. B. in der Schweiz bestehen. Im Allgemeinen wird sie in gebildeten Ländern nur im Zusammenhang und organischer Wechselwirkung mit dem Ackerbau bestehen, dann aber eine der wichtigsten Grundlagen desselben und namentlich in wohlfeilen Zeiten dessen beste Stütze sein, da der Verbrauch ihrer Erzeugnisse mit der steigenden Wohlhabenheit der Bevölkerung, der die Getreidepreise nur mit der steigenden Kopfzahl zunimmt. Die Jagd ist nur in frühen,

rohen Zuständen eine wichtige Erwerbsquelle von Völkerschaften. Sie setzt eine dünne, den Urwald durchstreifende Bevölkerung voraus. Die steigende Gesittung lichtet den Wald, verdrängt das Wild, rottet es schon der Sicherheit der Menschen, bald auch der Feldfrüchte halber aus. Von einiger Bedeutung sind nur noch diejenigen Gattungen der Jagd, welche das Wild nicht um des Fleisches, sondern um wertvoller, weit versendbarer Handelsartikel willen aufsuchen. Der Pelzjäger ist ein Vorläufer der Civilisation und hat viel zur Colonisation der künstlerische beigetragen. Später wird die Jagd zu einer bloße Sache des Vergnügens, deren Ertrag kaum den Aufwand vergütet. Nur die höheren Stände hatten Mittel und Muße, sich ihr zu widmen und daher kam es, daß sie sich vielfach zu einem besonderen, von dem Grundeigenthume getrennten Rechte entwickelte, was vielen Inhabern auch mit fremdem Boden zusteht. Es hat früher sehr arger Druck und es hängt noch manche Be-

Leichenfeier Mendelssohn-Bartholdy's in der Paulinerkirche in Leipzig.

Musik in der Universitätskirche

MARTIN HELMSTEDT

Im Zeitraum von 1545 bis 1710, als die Paulinerkirche als Universitäts-aula diente, war die Musik universitären Erfordernissen untergeordnet, wie akademischen Festakten, Promotionen und Leichenbegängnissen für Professoren und nur wenigen Gottesdiensten an den Hauptfeiertagen. Von 1656 bis 1679 war Werner Fabricius der erste *Director musices Paulini,* also Musikdirektor an der Universitätskirche St. Pauli. Später lagen Chormusik und Orgelspiel traditionell in den Händen der Thomaskantoren, so in denen von Johann Schelle (von 1679 bis 1701) und Bachs Amtsvorgänger Johann Kuhnau (von 1701 bis 1722).[1] Eher als Ausnahme ist die Mitwirkung von Johann Friedrich Fasch zu werten, der zu Weihnachten 1710 mit seinem studentischen Collegium Musicum die Kirchenmusik ausführte.

Vor Antritt des Thomaskantorats (1723) hatte Johann Sebastian Bach schon 1717 die von Johann Scheibe gebaute Orgel der Universitätskirche geprüft und für gut befunden. Als Thomaskantor hatte er dann die Pflicht, im Wechsel auch in der Nikolaikirche zu musizieren. Die Leitung musikalischer Aufführungen in der Universitätskirche war nicht untrennbar mit seinem Amt verknüpft, aber es bestand die Tradition für die Leitung der Musik an den Hauptfeiertagen und bei besonderen Anlässen. Dies führte zu langwierigen Kämpfen mit den akademischen Behörden, die den eher mittelmäßigen Organisten der Nikolaikirche Johann Gottlieb Görner dem genialen Bach bei der Musikausübung vorzogen. Die Anzahl der in der Paulinerkirche uraufgeführten Werke von Bach ist deshalb gering. Jedoch sind diese von hohem Rang, so die Motette „Der Geist hilft unsrer Schwachheit auf" und die Trauerode zum Ableben der evangelischen Landesmutter Christiane Eberhardine „Oh, Fürstin, lass noch einen Strahl..." nach einer Dichtung von Gottsched.

Die Trauerfeier für Felix Mendelssohn Bartholdy

Schon kurz nach seiner Berufung zum Thomaskantor versuchte Bach beim Rat der Stadt und zusätzlich durch Bittgesuche an den König in Dresden die Situation zu seinen Gunsten zu verändern, nicht zuletzt wegen der damit verbundenen Einkünfte. Der interessierte Leser findet die Bittgesuche bei Spitta[2] und eine Darstellung in der Biographie von Eidam.[3] Wir können es heute nur schwer verstehen: Sieger dieses „Kampfes" blieb Görner, der über bessere Beziehungen an der Universität verfügte. Nach Bachs Tod im Jahr 1750 versah Görner den Dienst in der Universitätskirche allein. Erst 1769 wurde ihm der Thomaskantor Johann Friedrich Doles als universitärer Director Chori Musici an die Seite gestellt, gefolgt 1778 von Johann Adam Hiller und 1785 von Johann Georg Häser (bis 1809). In diese Zeit fällt die glanzvolle Aufführung von Händels „Messias" (1786) im Berliner Dom und der Leipziger Paulinerkirche durch Hiller, die die Rezeption des Messias ungemein befruchtete. 1800 erklang erstmalig Joseph Haydns „Schöpfung". Ab 1802 trat die neu gegründete Singakademie in diese Tradition ein, deren Leiter meist im Nebenamt Directores Musices der Universität waren, wie seit 1809 der Dirigent der Gewandhauskonzerte Johann Gottfried Schicht. Er musste dieses Amt aber schon 1810 niederlegen, da er Thomaskantor geworden war und der Rat der Stadt die Doppelung der Ämter nicht gestattete.

Felix Mendelssohn Bartholdy war von 1835 bis zu seinem frühen Tod 1847 Kapellmeister des Gewandhausorchesters. In der Universitätskirche leitete er 1837 die Leipziger Erstaufführung seines Oratoriums „Paulus", 1847 folgte eine weitere Aufführung. Mendelssohn Bartholdy erhielt 1836 die Ehrendoktorwürde. Der Trauergottesdienst für ihn fand am 7. November 1847 ebenfalls in der Universitätskirche statt. Obwohl Mendelssohn der reformierten Gemeinde angehörte, ehrte die Universität ihren Ehrendoktor auf diese Weise.

1822 gründeten Theologiestudenten den Universitäts-Sängerverein zu St. Pauli (den ersten „Paulinerverein"), der fortan Gottesdienste und akademische Feiern ausgestaltete. Nach der baulichen Erneuerung der Kirche trat 1898 der Universitäts-Kirchenchor zu St. Pauli an dessen Stelle.[4]

Max Reger wurde 1907 als Kompositionslehrer an das von Mendelssohn gegründete Leipziger Konservatorium berufen und war zeitweise Universitätsmusikdirektor.

Die große Orgel wurde 1841 bis 1843 durch den Leipziger Orgelbauer Johann Gottlieb Mende neu gebaut, der Instrumente mit sowohl barockem als auch romantischem Klangbild schuf. Diese Orgel wurde bis zu ihrer Zerstörung 1968 mehrfach umgebaut, erweitert und modernisiert, so 1872/73 durch Friedrich Ladegast, 1915 durch Jahn und in den Jahren bis 1948 durch den Bautzener Orgelbauer Hermann Eule.[5]

Die kleine sogenannte „Jahn-Orgel" ist ein Interimsinstrument des Orgelbauers Jahn, die bis 1968 ihren Dienst versah und noch kurz vor der Sprengung aus der Kirche gerettet werden konnte. Sie wurde nach 1992 restauriert und wird bis heute in der Peterskirche gespielt, deren große romantische Orgel durch Kriegseinwirkung zerstört wurde.

Friedrich Rabenschlag gründete 1926 den Madrigalkreis Leipziger Studenten und vereinte ihn 1938 mit der seit 1933 bestehenden Universitätskantorei zum Leipziger Universitätschor. Bis 1962 leitete er diesen Chor, der Generationen von musikalischen Studenten zu seinen Mitgliedern zählte und bis heute einen festen Platz im Musikleben Leipzigs einnimmt. Man sollte nicht vergessen, was sakrale Musik sehr vielen Studenten und Mitarbeitern an der roten Karl-Marx-Universität bedeutete.

In dieser Zeit war der als Improvisator weithin bekannte Robert Köbler (1912–1970) Universitätsorganist. Auch er gehörte zu denen, die den Mut hatten, schriftlich gegen die Sprengung zu protestieren. Improvisationswettbewerbe gemeinsam mit dem Weimarer Johannes Ernst Köhler sind unvergessene Musikereignisse, die mit der alten Paulinerkirche verbunden bleiben.

Aufnahmen mit Robert Köbler an der Mende-Eule-Orgel wie auch einzelne Aufnahmen des Universitätschores unter der Leitung von Friedrich Rabenschlag sind auf den CDs enthalten, die dem Buch „Universitätskirche Leipzig – ein Streitfall?" beiliegen. Dem Paulinerverein gelang es, eine Fernsehaufnahme des Bachschen Weihnachtsoratoriums ausfindig zu machen, die mit dem Thomanerchor unter Erhard Mauersberger und den Solisten Elisabeth Breul, Sigrid Kehl, Peter Schreier und Günther Leib am 15. Dezember 1963 in der Universitätskirche aufgenommen worden war.[6]

Als Kantor und Organist der katholischen Propsteikirche, die nach dem Zweiten Weltkrieg das Gastrecht in der Universitätskirche hatte, wirkte zur gleichen Zeit auch der bekannte Komponist Georg Trexler.

Sein Schüler und Nachfolger im Amt war der Komponist und Organist Kurt Grahl. Er wurde von den Bewachern mitten im Spiel von der Orgel vertrieben, als die Kirche zur Sprengung vorbereitet wurde. Diese Stelle markierte er in den Noten (†). Er schrieb dazu:

„Wir durften am 24. Mai [1968, Anm. d. V.] aus der Kirche holen, was uns gehört. Georg Trexler setzte sich nochmal an die Orgel. Es ging auch wunderbar. Dann spielte ich Bach, C-Dur-Toccata, weil die Noten zum Üben für den Bachwettbewerb noch da waren. Auf der dritten Seite war dann schon Schluss. Die Polizei und der Abbruchleiter Paulus müssen sich angeschlichen haben. Zwischen meinem Lehrer und ihnen entspann sich ein Disput. ‚Wenn diese Kirche hier verschwunden ist, bauen wir eine Stätte des Humanismus und der Menschlichkeit.‘ Diesen Satz habe ich nicht erfunden. Er fiel damals." Kurt Grahl war damit der letzte, der in der Paulinerkirche musizierte.

Notenblatt von Kurt Grahl

Bis zu ihrer Sprengung war die Paulinerkirche regelmäßig einer der Veranstaltungsorte der gesamtdeutschen Bachfeste, z. B. am 23. Juni 1962 anlässlich des 38. Deutschen Bachfestes der Neuen Bachgesellschaft.

Dem Sänger und späteren Thomaskantor Hans-Joachim Rotzsch, der den Universitätschor von 1963 bis 1973 leitete, folgte von 1973 bis 1987 Max Pommer, der zusammen mit dem Neuen Bachischen Collegium Musicum, einem Solistenensemble hohen Ranges, neue Akzente in der internationalen Pflege der Barockmusik setzte.

1987 übernahm der unvergessene Wolfgang Unger den Chor. Er gründete das Pauliner Barockensemble und das Pauliner Kammerorchester und stand in der Zeit des Ringens um den Wiederaufbau unverrückbar an der Seite des Paulinervereins – zeitweise als dessen Vorstandsmitglied –, und trotzte damit Anfeindungen aus der Universität. Auch initiierte und leitete er zahlreiche Gedenk- und Benefizkonzerte des Paulinervereins bis zu seinem frühen Tod 2004 im Alter von nur 55 Jahren.

Friedrich Rabenschlag   Hans-Joachim Rotzsch

David Timm führt den Chor seit 2005. Er erweiterte das künstlerische Spektrum um mehrere neue Farben. So führte er neben der Pflege des klassischen Repertoires mit dem Chor konzertant Opern von Richard Wagner auf, andererseits ist er ein geistvoller Jazzmusiker: Davon zeugen Adaptionen Lisztscher und Bachscher Werke oder seine Jazzmesse, um nur wenige Beispiele zu nennen.

Auch die Nachfolger des Universitätsorganisten Robert Köbler übten ihr Amt nach 1968 in der Nikolaikirche aus, so Arvid Gast und Christoph Krummacher. Nun stehen dem jungen David Beilschmidt mit der großen Jehmlich-Orgel auf der Westempore und der an historischen Vorbildern orientierten Schwalbennestorgel des Schweizer Orgelbauers Metzler zwei großartige Instrumente zur Verfügung. Letztere ermöglicht es, die Musik der Renaissance und des frühen 17. Jahrhunderts in einer zeitgemäßen Registrierung zu spielen, zudem füllt sie eine Lücke im Spektrum der Farben des Orgelklanges. Bedenkt man, dass, nur wenige Meter entfernt, sowohl im Gewandhaus als auch in der Nikolaikirche große Orgeln stehen, so dürfte hier die (vielleicht weltweit) größte Orgeldichte herrschen. Was würde wohl Johann Sebastian Bach dazu sagen?

Robert Köbler   Wolfgang Unger

1   Hofmann, 1918.
2   Spitta, 1953.
3   Eidam, 1999.
4   Hofmann, 1918.
5   Schwabe 2014.   David Timm
6   Die Aufnahme ist beim
RBB-Mitschnittservice
unter der Nummer IDNR
083219 erhältlich.

Vernichtung einer Kirche

Leipzig 1968

Leipzig im Protest

Martin Helmstedt

Diese unsere Stadt, noch sichtbar vom Zweiten Weltkrieg gezeichnet, sollte in die „lichte Zukunft des Sozialismus" geführt werden. Viele Ruinen der Luftangriffe von 1943 bis 1945 standen 1968 noch. Lücken klafften dort, wo gesprengt worden war, so die der Johanniskirche am Johannisplatz oder die des Bildermuseums am Augustusplatz, dort, wo heute das Neue Gewandhaus steht. Auch das alte Gewandhaus im Musikviertel mit seiner besonderen Akustik wurde trotz starker Bürgerproteste abgerissen, obwohl bei all diesen und anderen architektonisch und kunstgeschichtlich bedeutenden Gebäuden der Wiederaufbau möglich gewesen wäre. Beste Beispiele dafür stellen der Aufbau des Alten Rathauses und die Universitätsbibliothek dar.

Aber um „Baufreiheit" für die Utopie eines sozialistischen Leipzigs zu schaffen, wurden mit der Abrissbirne gezielt auch unversehrte Gebäude beseitigt, so Deutrichs Hof an der Reichsstraße, ein Gebäude der Spätrenaissance (!) und eines der wenigen, kunsthistorisch sehr wertvollen, die den Krieg unversehrt überstanden hatten; das Caféhaus Hennersdorf, ein stilvoller bürgerlicher und studentischer Treffpunkt, also ein Hort möglicher Opposition, und andere.

Am Karl-Marx-Platz (Augustusplatz) waren Opernhaus und Post, dem Zeitgeist und ideologischer Orientierung geschuldet, schon in zeitgemäßer Architektur neu gebaut worden. Das Gelände der Universität, also das heute als Campus bezeichnete Gebiet, wurde vom Augusteum, das noch als Ruine imposant wirkte, und von der Paulinerkirche dominiert. Es war ein Wunder, dass Letztere den Krieg inmitten der Zerstörung unversehrt überstanden hatte: Mutige Menschen hatten im Dezember 1943 die Brandbomben auf dem Dachboden gelöscht (siehe dazu die Ausführungen von Krusche auf Seite 117).

Auch der vom Platz abgewandte Teil des Gebäudekomplexes mit dem berühmten Hörsaal 40, Zentrum der Germanistik und anderer

Geisteswissenschaften, ein Ort des freien Wortes, war kaum zerstört und wurde intensiv genutzt.

Diese Karl-Marx-Universität hatte, wie ihr Name nicht vermuten ließ, eine Theologische Fakultät, ja, eine eigene Kirche! Die evangelische und die katholische Studentengemeinde, die evangelisch-lutherische Universitätsgemeinde und die katholische Gemeinde der im Krieg zerstörten Propsteikirche, die Gastrecht genoss, feierten hier Gottesdienste. Hier hörten unzählige Studenten und Bürger die Prediger der christlichen Kirchen, wie den evangelischen Studentenpfarrer Siegfried Schmutzler und den Dominikanerpater Gordian Landwehr, die wider den Stachel der herrschenden Staatspartei und ihrer Ideologie löckten und sich den Mund nicht verbieten ließen. Schmutzler büßte für sein Engagement im Gefängnis, Gordian wurde bespitzelt und entging Schmutzlers Schicksal nur um Haaresbreite. Hier wirkte der stark sakral geprägte studentische Leipziger Universitätschor, der regelmäßig christliche Oratorien sang, dem aber die Mitwirkung an den Gottesdiensten des Rundfunks verboten wurde.

An der Karl-Marx-Universität wirkte neben dem evangelischen Universitätsprediger auch der weithin bekannte Universitätsorganist Robert Köbler. So strahlte der Geist der Jahrhunderte – für alle sichtbar und vor allem spürbar – auf diese nur äußerlich gänzlich rote Universität und die Region aus. Das war ein Dorn im Auge der herrschenden Staatspartei und ihres machtbesessenen Exponenten, des SED-Bezirkssekretärs Paul Fröhlich. Sein Genosse Karl Schirdewan, der 1952 an die Spitze der neu geschaffenen Bezirksleitung berufen wurde, charakterisierte Fröhlich wie folgt:

Besondere Aufmerksamkeit musste ich der linksradikalen Einstellung Paul Fröhlichs schenken. Als 1. Kreissekretär der SED in der Stadt Leipzig betrieb er eine sektiererische intelligenz-feindliche Politik gegen demokratisch gesinnte Professoren an der Leipziger Universität. Er intrigierte vor allem gegen die Professoren Ernst Bloch und Hans Mayer. Nicht zuletzt dadurch wurden sie aus der DDR vertrieben."[1]

Das Albertinum kurz vor der Sprengung

Erich Honecker, Lotte und Walter Ulbricht, Paul Fröhlich und andere Parteifunktionäre besichtigen 1964 das Leipziger Stadtzentrum

Als Walter Ulbricht nach einer Rede von der Oper auf den Platz blickte, verließen gerade zahlreiche Studenten und andere junge Leute nach der Predigt von Pater Gordian die Universitätskirche, was ihn zu dem folgenschweren Satz inspirierte: „Die Kirche muss weg!"[2]

Die Wunden des Krieges waren noch nicht verheilt, da schickte sich diese Partei an, weiterhin sinnlos und stumpf Zerstörung zu betreiben, indem sie unter anderem diese wertvolle gotische Kirche vernichtete. Proteste, auch aus den eigenen Reihen, so von dem Kulturminister Hans Bentzien, den es seine Stellung kostete, bewirkten lediglich einen Aufschub.[3]

Die Kunde vom beabsichtigten Abbruch der Leipziger Universitätskirche erreichte auch westdeutsche Presseorgane, so die Rheinische Post, die am 12. Februar 1964 einen Artikel „Wird die Universitätskirche abgebrochen?" veröffentlichte. Auf dieser Basis entstand ein Protestbrief an den Rat der Stadt Leipzig, der von 29 Bundesbürgern unterschrieben wurde.

1968 kamen schärfere Forderungen der Universität selbst, die im Zuge der Umgestaltung des Karl-Marx-Platzes auch ihre Gebäude erneuern wollte. Wieder ging ein Aufschrei der Entrüstung durch Leipzig. Damals gab es noch keine Ständige Vertretung der Bundesrepublik, keine westlichen Korrespondenten in Ostberlin und schon gar nicht in der „Provinz"! Trotzdem drang dieser Aufschrei bis in den Westen. Dort aber waren die meisten Intellektuellen 1968 inzwischen mit anderem beschäftigt und nahmen auch die Signale des im Osten hell strahlenden Frühlings aus Prag kaum wahr, geschweige denn Protestbriefe wegen einer alten Kirche.

Schriftliche Zeugnisse dieses Protestes verantwortungsbewusster Leipziger sind in Archiven erhalten. Es gehörte Mut dazu, und leider hatten ihn zu Wenige. Einige dieser Briefe zeigen wir hier erstmalig, so das eindrucksvolle Schreiben von Generalmusikdirektor Rolf Reuter an den „Herrn Volkskammerabgeordneten" Paul Fröhlich, sowie den Brief eines unbekannten Bürgers (einer Bürgerin?) „im Namen der entmachteten Leipziger Bevölkerung", der damals sicher für mindestens neunzig Prozent der Leipziger sprach.

Protestschreiben von GMD Rolf Reuter, Protestschreiben von Heinrich Douffet

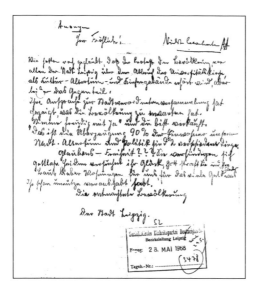

Anonymes Protestschreiben

Gar nicht anonym war der Brief des Geologen Heinrich Douffet. Die Protestschreiben wurden bei der Bezirksleitung der SED oder in der Kanzlei des Staatsratsvorsitzenden „abgelegt", von wo man eine nichtssagende Antwort erhielt, *nachdem* die Kirche gesprengt war, wie ich es selbst erlebte. Undenkbar waren öffentliche Äußerungen, wie zum Beispiel Leserbriefe *gegen* die Sprengung. Rundfunk und Fernsehen der DDR waren ausschließlich auf Jubel programmiert. – Das nur für diejenigen, die diese „demokratische" Republik nicht aus eigener Anschauung kennen und vielleicht meinen, *sie* hätten sich das bestimmt nicht gefallen lassen.

„Herr Fröhlich!
Wir hatten noch geglaubt, daß der Protest der Bevölkerung, vor allem der Stadt Leipzig über den Abbruch der Universitätskirche, als Kultur-Altertums- und Kirchengebäude erhört wird, aber leider das Gegenteil. Ihre Ansprache zur Stadtverordnetenversammlung hat gezeigt, was die Bevölkerung zu erwarten hat. Stimme freudig mit Ja und du bist verkauft. Das ist die Überzeugung 90% der Einwohner unserer Stadt. Altertum und Politik sind 2 verschiedene Dinge. Glaubens-Freiheit???

Sie versündigen sich. Gottlose Heiden versuchen ihr Glück, Gott straft Sie und Ihre Kinder. Baut lieber Wohnungen für uns, für das viele Geld, was Ihr schon unnütze verausgabt habt.
Die entmachtete Bevölkerung der Stadt Leipzig.“

Proteste der Bischöfe der christlichen Kirchen im Namen der Gläubigen wurden von den Kanzeln verlesen, die zuständigen Denkmalspfleger protestierten nachhaltig, Studenten der Theologie verbarrikadierten sich in der Kirche und wurden dafür inhaftiert. Im Senat der Universität wurden die Dekane Professores Amberg und Lauterbach, die nicht Mitglied der SED waren, von der Sitzung ausgeschlossen. Ernst-Heinz Amberg votierte mit folgender Erklärung gegen die Sprengung:

„Als Dekan der theologischen Fakultät bringe ich die unveränderte Einstellung aller theologischen Mitglieder des Rates der Fakultät zum Ausdruck, wenn ich noch einmal auf unsere Auffassung zum Problem Universitätskirche hinweise, wie wir sie mehrfach geäußert haben: Wir können zum geplanten Abbruch der Uni-Kirche nur unmissverständlich Nein sagen. Aus diesem Grund kann ich hier im Senat auch nicht einer Willenserklärung zustimmen, in der der Neubau akzeptiert und begrüßt wird, der den Abbruch der Universitätskirche zur Voraussetzung hat.“ [4]

Die 15. Tagung der Stadtverordnetenversammlung am Himmelfahrtstag, dem 23. Mai 1968, der in der DDR kein gesetzlicher Feiertag war, wurde dominiert von einer Ansprache des Bezirkssekretärs der SED, Paul Fröhlich, aus der wir hier einige Passagen zitieren, die Ungeist und Anmaßung verdeutlichen und eine offene Drohung enthalten, die ihre Wirkung nicht verfehlen konnte:

„Auch für die Stadt Leipzig ist nun nach einer Zeit gründlichen Überlegens und Beratens, gegründet auf wissenschaftlichen Untersuchungen und allseitigen Analysen, der Augenblick gekommen, entscheidende Schritte zu gehen, um unsere Stadt und besonders ihr Zentrum als moderne sozialistische Großstadt weiter zu gestalten. [...] Der Ihnen vorliegende Entwurf für den Perspektivplan, die Verkehrsfragen und die Bebauung betreffend, die hier vom Rat der Stadt und den Kommis-

sionen unterbreiteten Modelle zum Aufbau des Stadtzentrums und zur abschließenden Gestaltung des Karl-Marx-Platzes lassen Größe, Kühnheit und Erhabenheit deutlich zutage treten [...].

Ich verstehe die Bürger christlichen Glaubens sehr wohl, möchte aber zugleich um ihr Verständnis für die Entscheidungen, die ihre Stadtverordneten heute treffen, bitten. Ich spreche die Hoffnung aus, daß sich niemand durch Versuche, falsche politische Leidenschaften zu entfachen, mißbrauchen läßt. Jeder muß wissen, daß die Stadtverordneten niemandem gestatten werden, mit ihren Beschlüssen zu spielen.

Lassen Sie mich in diesem Zusammenhang noch ein Wort an manche Angehörige der Theologischen Fakultät richten. Wenn es ihnen verwehrt sein sollte, tiefere Einsicht in die Notwendigkeit und Verständnis für die städtebaulichen und architektonischen Lösungen aufzubringen, dann ist das ihre individuelle Angelegenheit. Jeder jedoch, der daraus für sich das Recht ableitet, Ruhe und Ordnung zu stören, soll wissen, daß er weder mit Nachsicht noch mit Rücksicht rechnen kann [...].

Aber an die Adresse derer, die für die Zerstörung Leipzigs verantwortlich sind, an die Adresse derer, die eine Politik in Westdeutschland fortführen, die zu diesen Trümmerbergen in allen deutschen Landen führte und die auch heute wieder mit den USA-Imperialisten eine Politik betreiben, die zum Beispiel in Vietnam Kirchen und Pagoden, Baudenkmäler der ältesten Zeit in Schutt und Asche legt, wenden wir uns mit der entschiedenen Erklärung, daß sie ein für alle Mal jegliches Recht verwirkt haben, uns Ratschläge für Denkmalschutz und Denkmalspflege zu erteilen."

Bei der anschließenden Schein-Abstimmung gab es eine vom MfS angeordnete Gegenstimme von Pfarrer Rausch, wie sich im Nachhinein herausstellte.

Der Organist Robert Köbler versuchte vehement, seine Orgel zu retten, indem er an den Chefarchitekten Henselmann appellierte. Dessen Antwort ist kaum zu glauben: „Sagen Sie bloß, da ist 'ne Orgel drin?"[5]

An ein Nachgeben der Parteiclique war nicht zu denken, denn hier sollte ein Exempel statuiert und mit der Universitätskirche auch die aufrechte Haltung der Menschen zerstört werden. Den Leipzigern wurde die Unverrückbarkeit der Entscheidung des Staates endgültig bewusst, als die Leipziger Volkszeitung, damals das „Organ" der Bezirksleitung

Prof. Dr. R. Lauterbach
Dohnaweg 3
04277 LEIPZIG
Tel. (0341) 80 565

Die Sprengung der (Univ.-)Paulinerkirche Leipzig (Eigenbericht).

Die Zerstörung der Augustiner-Chorherren-Kirche St.Pauli am
30.Mai 1968 war eine große Schande und für Leipzig ein großer
Verlust: es wurde ein Baudenkmal von historischer Größe vernichtet, ein kirchlich und kunstgeschichtlich einmaliges
Denkmal, Die wichtigste Reste der Keimzelle der Universität,
ein Konzerthaus von Weltgeltung (z.B. Mendelssohn führte hier
alle seine Konzerte mit oder für Orgel erstmalig auf). Ich habe
im Laufe meiner rund 35-jährigen Tätigkeit an der Universität
sehr viel ausländischen Besuch gehabt, aus Ost und West (bis
USA), aus Nord und Süd. A l l e interessierten sich sehr
dafür die Paulinerkirche und ihren Kreuzgang zu sehen und
erläutert zu erhalten. Der Nachfolgebau rief dann nur
Kopfschütteln hervor und die immer wiederholte Frage: Warum
das ?
Ich war seinerzeit Dekan der ehemaligen Mathematisch-Natur-
wissenschaftlichen Fakultät unserer Universität. Infolgedessen
war ich Mitglied des Senats der Universität und wurde auch
zur Arbeitsgruppe Neubau der Univ. herangezogen. Ich war stets
einer der vereinzelten, die nicht Mitglied der SED earen
(daher nach der Wende alsbald vom Minister zum "Prof.neuen
Rechts" berufen (neben dem alten Prof.em. seit 1980).
Im Senat hörte ich Anfang 1968 erstmals von dem Plan einer
"neuen Universität", also einem Umbau wä-hrend der alte Rektor
(G.Mayer stets von einem beschleunigten Wiederaufbau sprach,
ernn ich ihn oft (als Geologe) auf die schwere Verwitterungs-
Schäden an der zerbombten Universität aufmerksam machte. Er
war auch dafür, eine e v t l l e . neue Universität als
"Campus-Universität" am Stadtrand zu erbauen. Dieser Plan
wurde aber von Berlin aus verworfen, der Rektor Georg Mayer
von der Partei zur Rechenschaft gezogen, da er an seiner
Ansichgt festhielt, u.a. auch wegen der stadthistorisch-baukünst-
lerischen Bedenken, die er (mir gegenüber und) öffentlich
unverändert hatte. Er war gegen den Abriß der Univ.-Kirche,
für den Wiederaufbau des Augusteums und wurde deshalb
parteipolitisch gemaßregelt. Bei einer ordentlichen Senatssitzung
wurde dem Dekan der Theol.Fak. (Prof. Amberg?) und mir als
Dekan Math.-Nat.Fak. am Eingang vom Referenten des Rektors,
Herrn Thiemig (SED) bekannt gegeben, daß ich - ebenso wie der
Dekan Theol.Fak. - nicht zur Sitzung zugelassen sei und bitte
im Dienstzimmer des Rektors Platz nehmen solle. Dort saß bereits
der Theol.Dek. und wir warteten nun gemeinsam. Nichts geschah.
Wir erfuhren erst nachträglich, daß der Senat als Parteigruppe
getagt habe um den bisherigen Rektor Mayer zur Rechenschaft
zu ziehen und durch "Parteiauftrag" (= Befehl) zu zwingen, von
seiner Meinung zu lassen. Das gelang natürlich nicht, wohl aber
rang man dem SED-Mitglied ein Lippenbekenntnis im gewünschten
Sinne ab!

Überall, aber besonders an der Kirche (Augustusplatz) gab es
gegen diesen sinnlosen Akt große Proteste, häufig waren die
Teilnehmer in Trauerkleidung. Die unter sie gemischten Stasi-
Leute fielen umso mehr auf. Die Proteste wurden laut, als

am 30.5.68 fie Fundamente der Kirche mit Sandsäcken umgeben wurden (wie 1963 bei dem Johanniskirchturm-Sprengunng) Die allgemein zunehmende Unruhe verbreitete sich über das ganze Land. So fand am 6. März 1968 eine lange Sitzung der Math.-Natw.Fakultät statt, an der Rektor und Prorektor für Naturwissenschaften teilnahmen, was ungewöhnlich war. Am 3. Mai 1968 (Himmelfahrt) fand der **Schlußgottesdienst** in der Universitätskirche statt. Am gleichen Tage sprach ich bei der SED-Bezirksleitung (bei Hans Lauter) vor und übte Beschwerde und Kritik. Die Besprechung ergab, daß weitere Schritte notwendig waren. Am Nachmittag dieses 3.Mai ging ich auf gut Glück dorthin, wo ich bnie hingehen wollte: zum Kontrolloffizier der Stasi an der Universität (Wollmann?). ich verlangte die intensivste Einflußnahme auf die Erhaltung der Kirche. Ferner wies ich auf deren kulturellen Wert und die große Mühe der Bauarbeiter hin! Falls die Räumung des Platzes unvermeidlich sei (was ich nicht verstehe) wäre eine Verschiebung nach "hinten" eine brauchbare Lösung. Ein polnischer Spezial-betrieb in Torun (Thorn) wäre dazu in der Lage und bereit. Am 22. Mai teilte mir die Stasi mit, daß alles mit den polnischen Spezialisten klappte, daß auch die Genehmigung zum Handeln vorlag. Der Eigentümer sei die Ev.-Luth. Kirche, deren Super-intendantur hätte um Zustimmung ersucht werden müssen. Sie aber sei der Ansicht (angeblich??), daß es sich nur um einen "Trick"handele, daher keine Zustimmung! Am 27.Mai fand eine Sitzung des Senats mit Kurt HAGER statt. Die Gegenstimmen wurden vom Vertreter des ZK der SED nicht gelten gelassen. Am 30.Mai 1968 fand dann die traurige Sprengung statt, während wir über den zu Besuch weilenden Ausschuß für Volksbildung der Volkskammer ein letztes Hindernis zu legen trachteten. Ich ließ während der Sprengung alle Lehrveranstaltungen ausfallen und forderte die Studenten auf zur Sprengung zu gehen und die Kulturschande anzusehen! Das hatte zwar Folgen, aber die schlimmste war die Zerstörung eines Teiles der Weltkultur in Leipzig.

*

4.1.95

* Anmerkung: Himmelfahrt war
der 23. Mai

Entwurf Henselmann aus der Sonderbeilage der LVZ

der SED, am 24. Mai 1968 in einer Sonderbeilage das neue Gesicht des Karl-Marx-Platzes ohne Kirche zeigte.

In den darauf folgenden Tagen wurde die Kirche zur Sprengung vorbereitet. Während Presslufthämmer dröhnten, nahmen viele Leipziger auf besondere Weise Abschied von ihrer Kirche – sie legten Blumen an der bewachten Umzäunung nieder und versammelten sich in kleinen Gruppen auf dem Platz nahe der Kirche.

Größere Gruppen wurden sofort durch die Polizei aufgelöst, viele wurden verhaftet und abgeführt. Es sollte ein Gefühl der Ohnmacht erzeugt werden. Das wirkte 15 Jahre nach dem 17. Juni 1953 noch, denn keiner hatte die Sowjetarmee, ihre Panzer und die blutige Niederschlagung des ersten Volksaufstandes der DDR vergessen. Am Tag der Sprengung wurde eine schweigende Mehrheit durch die Staatsmacht gedemütigt, aber auch ihr Widerstand geweckt.

1 Schirdewan, 1995.
2 Gordian, 1995.
3 Schwabe 2014.
4 Vgl. www.uni-leipzig.de/unigottesdienst/Geschichte.
5 Milosevic, 2008.

44

Ein Dienstag im Mai

HELGA HASSENRÜCK

Bis zum 21. Mai 1968 war ich Studentin der Theologie an der Karl-Marx-Universität. Ein Dienstag im Mai 1968 – wie jeder vorangegangene an der Theologischen Fakultät. Dass es für lange Zeit mein letzter Tag an der Uni sein würde, ahnte ich nicht. Vorlesungen am Vormittag – wie immer. Seitens der Lehrenden Beschränkung auf den Stoff – wie immer. Kein Wort zur Universitätskirche – wie immer. Undenkbar, dass sie schon am Abend des übernächsten Tages nicht mehr betreten werden durfte.

Die Studenten und Seminargruppensekretäre, ihre Vertreter, erfuhren nichts von den Diskussionen innerhalb des Lehrkörpers, nichts von der Unterwerfung der CDU-Spitze unter den Willen der SED, nichts von der „freudigen Zustimmung" des Senats der Universität am 17. Mai zur vorgesehenen Vernichtung des wiederaufbaufähigen Augusteums und der völlig intakten und viel besuchten Kirche. Erst spät war öffentlich bekannt geworden, dass die Stadtverordnetenversammlung die (längst im Politbüro gefallene!) Entscheidung treffen würde. Zu zweit oder zu dritt hatten wir, Studenten der evangelischen und katholischen Studentengemeinden, am 19. und 20. Mai die Abgeordneten privat aufgesucht, klingelten an ihren Wohnungstüren und ihre abweisenden oder angstvollen Mienen und Worte zur Kenntnis genommen. Manche ließen uns nicht einmal über die Schwelle. Wenn doch, dann wohl aus Furcht vor Augen und Ohren aufmerksamer Hausbewohner.

An der Theologischen Fakultät gab es in diesen Wochen der Ungewissheit kaum ein Pausengespräch, in dem nicht verzweifelt nach einer Möglichkeit der Rettung der Uni-Kirche gesucht wurde. Nur zwei Hilfsassistenten beteiligten sich, soweit ich mich erinnere, nicht daran

Die Sprenglöcher werden gebohrt (o.). Die Leipziger nehmen Abschied (u.).

und warnten vor jeglicher Aktivität, um das Fortbestehen der Fakultät nicht zu gefährden.

An dem Versuch, über Moritz Mitzenheim an höchster Stelle ein Umdenken zu erreichen, war ich nicht beteiligt. Auch an der Formulierung des Briefes an Chefarchitekt Horst Siegel, in dem wir am 27. März dringend um ein Gespräch baten, arbeitete ich nicht mit, sondern unterschrieb ihn nur, als er von Hand zu Hand ging. Eine Antwort bekamen wir nicht. Was sollten wir noch tun? Demonstrieren (ohne Anordnung von oben) war im Osten Deutschlands undenkbar. Dennoch hatte ich Superintendent Stiehl gebeten, dass er den Leipziger Pfarrern nahelegen möge, mit ihren Gemeinden nach den Gottesdiensten noch zur Universitätskirche zu gehen, um so ohne Worte gegen die Sprengung zu protestieren. Er lehnte ab. Er könne die Verantwortung nicht übernehmen, falls geschossen würde. Er zeigte mir die Kopien von Briefen des Landeskirchenamtes und der Synode, hatte aber keine Hoffnung, dass sie die Erhaltung der Kirche bewirken könnten. Auch Studentenpfarrer Hempel hielt Schlimmeres als nur Verhaftungen für denkbar, wenn wir öffentlich protestierten.

Wenn also keine Demonstration, dann wenigstens ein Sitzstreik — ein Begriff, der damals ganz neu in unserem Sprachschatz war. Wer an diesem 21. Mai die Idee hatte, weiß ich nicht, doch schnell griff sie um sich. Mit dem Fahrrad war ich in der Mittagspause überall, wo ich hoffte, Studenten informieren zu können. Am nächsten Tag wollten wir im Uni-Innenhof auf der Wiese sitzen, reden, essen, das konnte ja nicht verboten sein. Als letztem rief ich meinem Kommilitonen Matthias Krügel (sein Vater war Rektor des Theologischen Seminars) zu: „Morgen 13 Uhr Sitzstreik an der Uni-Kirche".

Am nächsten Tag, so konnte ich nach 1990 in meiner Stasi-Akte lesen, löste die Polizei kleinere Ansammlungen von Studenten an der Universitätskirche auf. Das erlebte ich nicht. Ich wurde schon am Morgen auf dem Weg zur Uni verhaftet.

Der Umgang mit den Grabstätten

Manfred Wurlitzer

Die Öffentlichkeit in Unkenntnis lassend, begannen die Organisatoren bereits am Mittwoch, einen Tag vor Himmelfahrt, heimlich mit der Rekrutierung von Arbeitskräften für die Räumung der Kirche. Diese erste Gruppe, die für die besonders geheimen Exhumierungen vorgesehen war, wurde für eine Woche isoliert. Ihr Einsatz erfolgte nach einer gründlichen Vorbereitung. Gleichzeitig stellten die Organisatoren andere Gruppen für verschiedene Aufgaben zusammen, die unabhängig voneinander operieren sollten. So wurden am Donnerstag noch vor der Stadtverordnetenversammlung Steinmetze abrupt von zu Hause abkommandiert und gleich am Abend eingesetzt.

Der Steinmetz Werner Unverricht erinnert sich, dass ihn sein Chef persönlich mit einem Kleinbus aus seiner Wohnung zu einem „Katastropheneinsatz" abholte und ihn zusammen mit anderen Kollegen zum Büro des Kombinatsdirektors fuhr, das sich im Kroch-Hochhaus befand. Das geschah gegen 18 Uhr. Erst gegen 21 Uhr wurden die Handwerker, ausgerüstet mit Vorschlag- und Presslufthämmern, in die Universitätskirche gebracht. Dort trafen sie auf einen gemischten Trupp von Vorgesetzten aus dem Baukombinat, Archäologen und Stasi-Leuten. Die Steinmetze mussten systematisch den Fußboden des Gebäudes abklopfen, um unterirdische Hohlräume zu erkennen. Fündig wurden sie auf diesem Wege im Kreuzgang. Die betreffende Fläche konnte aber erst am Freitagmorgen geöffnet werden, denn inzwischen war es Mitternacht geworden, und die Arbeiten mussten zunächst eingestellt werden.

Am folgenden Tag, berichtet der Steinmetz, fanden die Archäologen, die nach dem Entfernen einer Fußbodenplatte als Erste mit Hilfe einer Leiter in die Gruft stiegen, einen eingemauerten Sarkophag, der erst mit Hilfe der Steinmetze geöffnet werden konnte. Anhand einer Tafel identifizierten sie einen darin liegenden Toten als einen Chirurgen, der um das Jahr 1700 gelebt hatte.

„Er lag ungefähr bekleidet wie Luther. Er war gut erhalten und lag etwas erhöht, schwarzes Gewand, breite Schärpe und hatte so eine schwarze Baskenmütze auf. Die Haare guckten alle noch so schön aus der Mütze raus. Der Körper war zwar Skelett. Es muss aber die Haut noch erhalten gewesen sein, denn das Gewand lag ganz ordentlich da. Als aber der Körper angefasst wurde, fiel er zusammen und wurde in zwei kleine weiße Kindersärge gelegt und somit zur Umbettung vorbereitet.“ [1]

Bei dem Toten handelte es sich um den Chirurgen Daniel Schmid. Geborgen wurden weiterhin Gebeine, die seiner Ehefrau Catherina Dorothea und dem stud. juris Carl Lochius zugeordnet werden konnten. Herrn Unverricht beeindruckte in der Gruft die wunderschöne Platte des Sarkophags, die er noch deutlich vor Augen hat. Er erinnert sich an sechs bis zwölf Grabtafeln, die in dieser unterirdischen Grabstelle mit einer Ausdehnung von ca. 20 m² vorhanden waren. All dieses Kulturgut konnte aus der tiefen Gruft nicht geborgen werden. Es wurde auch nicht fotografisch dokumentiert und landete schließlich als Bauschutt in der Etzoldschen Sandgrube.

Nach einem Bericht der Friedhofsverwaltung befanden sich zwölf Grüfte unter dem Kreuzgang, die allerdings (bis auf die eine beschriebene) mit Bauschutt gefüllt waren. Vermutet wurde, dass dieser Bauschutt vom Umbau der Kirche in den Jahren 1894 bis 1898 stammte. Damit war es nicht möglich, die in diesen Grüften befindlichen sterblichen Überreste unter dem vorgegebenen Zeitdruck zu bergen. Im Protokoll der Friedhofsverwaltung wird vermerkt, dass „Gebeinrestebergungen“ nur mittels Ausbaggern erfolgen können und dass mit vielen „Resten“ gerechnet werden müsse. Sollte die Universität Interesse bekunden, Gebeine bestimmter Personen zu bergen, müssten entsprechende Vorbereitungen bezüglich einer Identifizierung getroffen werden. Es ist nicht bekannt, dass die Universität diesbezüglich aktiv geworden wäre. So wurden die Grüfte den Baggern überlassen, als zu Beginn des Baus die Baugrube ausgehoben wurde. Der Steinmetz Hans-Jochen Apel beobachtete später während der Aushebung der Baugrube für den Neubau des Uni-Gebäudes die ungehemmte Pietätlosigkeit jenseits der Absperrung: „…das habe ich selber gesehen – die Knochen lagen ja dann herum auf der Straße. Es wurde ja Schindluder damit getrieben, und zwar auf der Grimmaischen Straße…".

Weiter wird in dem Bericht ergänzt, dass der Sarkophag von Christian Fürchtegott Gellert am 26. Mai 1968, um 10.45 Uhr, geöffnet wurde und dass die Gebeine anschließend in dem Zinksarg nach dem Südfriedhof zur Aufbewahrung bis zur Wiederbestattung gebracht worden seien. Im Zusatzprotokoll wird vermerkt, dass der Sarkophag „infolge der Schwere" nicht „wiederverwendet" werden könne. Auf eine diesbezügliche Anfrage der Steinmetze wurde geantwortet „…der Sarkophag hat keenen Wert, brauchen wir nicht mehr! Wir werden es denen endlich einmal zeigen, wer jetzt Herr im Hause ist." Herr Apel bemerkt: „So waren die eben." Nach einer Vorlage des Oberbürgermeisters Kresse beschloss der Rat der Stadt Leipzig am 10. Juli 1968 die Beisetzung von Gellert in der Abteilung I, Nr. 21 des Südfriedhofes und des Wundarztes Schmid in der Abteilung II, Nr. 120. Ausdrücklich wird betont, die Öffentlichkeit auszuschließen.

So wurden die sterblichen Überreste von Christian Fürchtegott Gellert und des Arztes Schmid ohne Zeremonie bei Nacht und Nebel überführt und beigesetzt. Die mutwillige Zerstörung des Gellert-Sarkophags noch vor der Sprengung des Gebäudes bestätigten mehrere Personen unabhängig voneinander.

Die Friedhofsverwaltung erwähnt im Protokoll noch die Tumba des Markgrafen Diezmann: „Diese ist bis auf den Unterteil geborgen worden." Die Figur stellt den jugendlichen Markgrafen Dietrich von Wettin (1260–1307) dar, eine Arbeit von Ernst Rietschel aus dem Jahre 1841. Denkmalpfleger schätzen ein (H. Magirius, Sakralbauten 1995): „Das hervorragende Kunstwerk steht als historisches Monument in der bedeutenden Tradition mittelalterlicher Grabtumben." Seit dem Jahr 1987 befindet sich die liegende Diezmann-Figur in der Thomaskirche auf einem behelfsmäßigen Sockel und kann wegen der ungünstigen Positionierung im hinteren Bereich des Kirchenschiffs keine Beachtung finden. Von einer Wiederaufstellung des eindrucksvollen Kunstwerks im Neubau ist nie die Rede gewesen.

Die andere Handwerkergruppe, die am Himmelfahrtstag in einer Baracke untergebracht worden war, die also mehrere Tage keinen

Kontakt zu ihren Familien haben durfte, begann ihre Tätigkeit in der Kirche am Freitag. Nun sollte die systematische Ausräumung des gesamten Untergrundes der Kirche erfolgen. Ebenso viele weitere Personen (Mitarbeiter der Stasi, des Rates der Stadt und der Polizei) hatten als Bewacher jede Bewegung der Handwerker zu kontrollieren. Sollte doch nicht das kleinste Detail in private Hände gelangen. Der Zeitzeuge Winfried Krause bemerkte dazu:

„Wir wurden dort schon geschult, dass keiner wissen darf, was wir gemacht haben, oder was da herausgeholt worden ist. Was wir sehen, das geht niemandem etwas an. Sollte irgendwer solche Äußerungen verbreiten, so werden die Betreffenden streng geahndet, und die Mitteilungen werden als Lügen richtiggestellt ...“

Krause musste mit zwei Kollegen die Sakristei räumen und die Orgel vorsichtig abbauen, denn man war von dem Wert des Materials überzeugt. Nach kurzer Zeit hieß es aber: „Die Orgel wird nicht abgebaut, sie ist Schrott, denn es ist keine Silbermann-Orgel“.

Dann wurden die Bänke im Kirchenschiff entfernt und große Spezialwerkzeuge zur Öffnung des Fußbodens angeliefert, denn es gab keine Unterlagen über die vermuteten Grüfte unter dem gesamten Kirchenraum. Nach einer Schätzung des Denkmalexperten Hans Nadler musste mit 800 Toten gerechnet werden. Eine dementsprechende Anzahl von Särgen zum Abtransport der Gebeine musste bereitstehen. Die in den Leipziger Firmen vorhandenen Lagerbestände genügten aber nicht den Erwartungen. So forderten die Planer von auswärtigen Stellen eine große Anzahl Kindersärge an.

Am Sonnabend wurden die Arbeiter früh um 6 Uhr zur „Baustelle“ gefahren. Herr Krause hatte mitbekommen, dass bereits spezielle Bohrgeräte in Betrieb genommen worden waren, die ungewöhnlich viel Lärm verursachten. Diese wurden benötigt, um Zugang zu den unter der Kirche befindlichen Grüften zu schaffen, denn es gab keine Eingänge zu einem unterirdischen Gewölbe. Dazu erläuterte Herr Krause:

„Immer drei Löcher gleichzeitig. Da kamen Gase raus. Dann wurde alles ausgebrochen, so dass eine Öffnung entstand, nicht ganz einen Meter im Durchmesser, so dass ein Mann hineinpasste. Und dann

*hieß es für mich: ‚Draußen stehen Särge, diese müssen in die Kirche ge-
bracht werden.' Wir haben sie gestapelt, so immer 20 Stück. Wir waren
zwei Kolonnen, die parallel zueinander arbeiteten. Ständig wurden
Tote herausgebracht. Die in der Gruft Beschäftigten riefen nach oben
und verlangten ein Sarguntertteil. Es waren kleine weiße Kindersärge.
Und dann reichten sie uns das gefüllte Unterteil hoch, ich nahm es ab.
Mein Helfer, der mit mir zusammenarbeiten musste, zog es mit nach
oben. Unsere Aufgabe war es, den Sarg mit dem Oberteil zu verschlie-
ßen, d. h., den Deckel mit vier Nägeln zu befestigen. Vorher war es nötig,
herausragende Kleider in den Sarg zu schieben. Das haben wir getan.
Manchmal waren das Kleider: herrliche! Die Farben bombig! Mindestens einer stand da, der erst einmal alle Wertgegenstände entnahm,
Ringe und anderes. Am genauesten hat sich mir ein großes Rosenblatt
eingeprägt. Das sah wie eine aufgeblätterte Rose aus. [...] Diese Dinge*

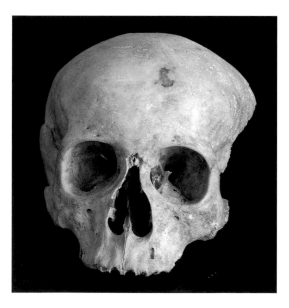

Bei der Sprengung wurde dieser Totenschädel auf den Karl-Marx-Platz geschleudert.
Der Fahrer der Straßenbahn, die aus Sicherheitsgründen vor der Kirche geparkt war,
hob ihn auf und nahm ihn unbemerkt mit. Ein Arzt stellte fest, dass es sich um einen
300 bis 400 Jahre alten männlichen Schädel eines etwa Vierzigjährigen handelt.

wurden stets zuerst hochgegeben, hinterher die Toten. Alles wurde regis-
triert und notiert von einer dafür eingesetzten Person. Eine zweite Per-
son guckte diesem nur über die Schulter. Der eine hat nur geschrieben,
immer geschrieben. Als der Stadtrat erschien, haben sie diesem auch
alles gezeigt. Die mussten das doch sehen."

Herr Krause bemerkte, dass die Körper vieler Toten noch nicht zu Ske-
letten verwest waren. Er erinnert sich auch, dass der Bürgermeister
Stücke zum Begutachten in die Hand genommen hatte. Herr Krause
nimmt an, dass auch die Lage der einzelnen Toten festgehalten wurde:
Gruft Nr. X, Etage Nr. 1, 2 oder 3.

„Auf jeden Sarg schrieb ich mit Ölstift den Namen des Toten und eine
Nummer. Die Toten waren [in der Gruft] ohne Särge wie in Betten
auf solchen Absätzen draufgelegt. Wie in einem Regal, aber schön
sauber alles. Fotografiert wurde auch drinnen in den Grüften. Das ist
bildmäßig festgehalten worden. Man sagte uns, dass die Toten auf dem
Südfriedhof in einem besonderen Ehrenhain ihre letzte Ruhestätte fin-
den würden. Ich war aber während dieser Arbeit nicht auf dem Süd-
friedhof.
Ich habe von den vielen Särgen die Hälfte zugemacht, vielleicht auch
ein bisschen mehr. Es hieß bloß: Weg damit, Sarg zu! Nur die Wert-
gegenstände interessierten, nicht die Gebeine. Die meist sehr prächtigen
Gewänder mussten in den Sarg gewürgt werden. Diese gingen ja alle
kaputt."

1   Wurlitzer und Zumpe.

Die Bergung der Kunstwerke

Manfred Wurlitzer

Für die Kunstwerke in der Paulinerkirche wäre das Institut für Denkmalpflege zuständig gewesen. Der Leiter der Dresdner Außenstelle Dr. Hans Nadler genoss internationales Ansehen als Experte auf diesem Gebiet. Er hätte auch von Gesetzes wegen rechtzeitig in alle Entscheidungen miteinbezogen werden müssen. Aber sowohl Nadler als auch seine Mitarbeiter hatten sich eindeutig für den Erhalt der Kirche ausgesprochen, als heimlich die Vernichtung des Bauwerks in den 60er Jahren vorbereitet wurde. Nachdem Nadler eine Expertise über den bedeutenden kunsthistorischen Wert der Kirche und deren Innenausstattung an verantwortliche und einflussreiche Instanzen des Partei- und Staatsapparates sowie an zahlreiche wissenschaftliche Einrichtungen der Denkmalpflege gesandt hatte, entschloss sich die SED-Spitze, das Dresdner Institut von jedweder Benachrichtigung und Diskussion auszuschließen, soweit es die Zukunft der Leipziger Universitätskirche betraf. Der Bezirkschef der SED Paul Fröhlich organisierte zusammen mit dem Vorsitzenden des Rates des Bezirkes Erich Grützner und dem Oberbürgermeister Walter Kresse eine Offensive gegen die Befürworter der Kirche, abgeschirmt von aller Öffentlichkeit. In den Unterlagen des Rates des Bezirkes finden sich Dispositionen „einer Argumentation" für den Abbruch der Kirche sowie eine von dem Kulturchef des Bezirkes Häußler für Paul Fröhlich verfertigte Expertise zum Nadler-Gutachten (Gegengutachten). Als Informant für die Vorgänge im Bauwesen hatte die Stasi den als Architekten ausgebildeten Hubert Maaß mit dem Decknamen „Steinbach" langfristig aufgebaut. In dreifacher Funktion war Maaß über seinen Einsatz als Inoffizieller Mitarbeiter (IM) für die Stasi und damit für die Parteispitze von Wert, denn er erhielt eine Anstellung beim Chefarchitekten der Stadt Leipzig, war Vertrauensmann für Denkmalpflege in ehrenamtlicher Tätigkeit für das Stadtgebiet und genoss das uneingeschränkte Vertrauen der Dresdner Denkmalpfleger bis in die 90er Jahre. So wurde Hubert Maaß am Freitag, dem 24. Mai, vom bevorstehenden Abbruch der Kirche offiziell informiert und mit der Oberaufsicht bei der Bergung der kunsthistorisch wertvollen Gegenstände aus der Kirche beauftragt. Die Gesamtleitung für diese Aufgabe lag in den Händen des Stadtrates für Kultur, Dr. Gehrke. Maaß informierte im Treffbericht: „Gemäß Abbruchplan sind die Bergungsarbeiten bis zum 28. 5. 1968, 22.00 Uhr, zu beenden." Ein besonderer Umstand bewahrte Maaß vor Überforderung bei der Bergungsaktion. Glücklicherweise stand in der schwierigen Situation der freischaffende junge Kunsthistoriker Peter Findeisen zur Verfügung, der am Institut für Denkmalpflege nicht angestellt war, aber vom Leiter Dr. Nadler sehr geschätzt wurde. Auf Vorschlag von Dr. Nadler bat er Maaß, ihm zu gestatten, an den Bergungsarbeiten mitarbeiten zu dürfen. Maaß erreichte, dass Findeisen von der Abteilung Kultur beim Rat der Stadt als zeitweiliger Mitarbeiter bestätigt wurde. Mit Peter Findeisen stand für die fachgerechte Selektion und Bergung der kunsthistorisch wertvollen Objekte ein ausgebildeter Fachwissenschaftler zur Verfügung. Dem Ministerium für Staatssicherheit war es glücklicherweise verborgen geblieben, dass Findeisen während der wenigen Tage, in denen gehandelt werden musste, mit Dr. Nadler kommunizierte, den er heimlich nachts in Dresden zum beratenden Gespräch traf. Es lag im Wesentlichen in seinen Händen, zu entscheiden, in welcher Reihenfolge die Kunstwerke demontiert wurden. Auch die Zerlegung großer Epitaphien in transportable Teile musste kurzfristig mit den Steinmetzen überlegt und angeordnet werden. Es ist auch das Verdienst von Findeisen, dass eine klare Kennzeichnung der Teile aufgrund vorliegender Inventarverzeichnisse vorliegt, die er persönlich vornahm und heute nach über 40 Jahren die Identifizierung und Restaurierung der Objekte erleichtert oder auch erst ermöglicht hat. Die Liste der aus der Universitätskirche geborgenen Gegenstände, die Findeisen erstellte, wurde in der zitierten Abhandlung „Stadt Leipzig, die Sakralbauten" von den Verfassern dieses zweibändigen Werkes für die umfassende Beschreibung der Leipziger Universitätskirche aus kunsthistorischer Sicht miteinbezogen.

An der Bergung der Gegenstände aus der Universitätskirche waren nach Aussagen des Meisters Gey etwa zwölf Arbeitskräfte beteiligt, die Steinmetzarbeiten ausführten. Die Facharbeiter aus der Steinmetzabteilung des Leipziger Baukombinates waren mit Restaurierungsarbeiten an steinernen Kunstgegenständen bestens vertraut und daher für zerstörungsfreie Demontagearbeiten geeignet, bei denen es darauf ankam, möglichst die wertvollsten Bestandteile der großen Werke zu erhalten. Sie wurden vorzugsweise für die Demontage und den Abtransport der steinernen Epitaphien eingesetzt. Die Steinmetze Unverricht und Apel bestätigten die mangelnde technische Ausrüstung, wie das Fehlen eines Kranes und eines stabilen Gerüstes für die Abnahme der schweren Bestandteile aus Höhen von mehreren Metern:

„Wir haben ein ganz einfaches, verrückbares Gerüst gehabt. Sonst hätten wir ja gar nichts machen können. Was Richtiges war das nicht. Dazu hatten wir angeblich nicht die nötige Zeit. Alles wurde im Wesentlichen per Handarbeit durchgeführt. Wir waren doch alle kräftige Burschen. Um Bruch zu vermeiden, wurden Matratzen hingelegt".

Herr Apel erinnert sich an Gegenstände, die sich im Hauptchor befanden:
„Da hing z. B. ein Bild von Lucas Cranach. Das habe ich selber gesehen und es mir genau angesehen [Lasset die Kindlein zu mir kommen]. Das wurde abgenommen. Da stand noch eine Holzfigur. Lebensgroß. Es war jedenfalls eine kirchliche Figur [Skulptur: Heiliger Thomas von Aquino]. Die wurde ja dann auch rausgetragen. Ich habe sie selber mit in den Kleinbus getragen. Sie wurde dann weggefahren und eingelagert. Auch die Grabplatten, ausgenommen die, welche wieder ausgestellt sind. Die Grabplatten befanden sich fast alle im Kreuzgang. Die sind jetzt wieder zu sehen."

Die Steinmetze wurden auch rundum eingesetzt:

„Wir sind zur Ausräumung in der Sakristei gewesen. Wir haben den Altar abgebaut. Dann haben wir noch den Leibniz weggenommen. Die Glocke haben wir dann auch noch heruntergenommen. Die haben wir sogar bei uns eingelagert. Unser Platz war Kregelstraße Ecke Stötteritzer Straße. Und dort wurde der Leibniz hingefahren. Der stand dort jahrelang. Der guckte so über den Zaun ... Und die Glocke, die haben wir auch dort eingelagert."

Auf die Frage, welcher Bruchteil der Ausstattung vor der Zerstörung bewahrt werden konnte, antwortete Herr Unverricht:

„Ich weiß nicht, ob ich sagen kann die Hälfte. Aber wir haben ausgebaut, ausgebaut, auf unserem Handwagen raustransportiert, aufgeladen. Die Bilder und Grabplatten. Die haben wir alle in einen LKW mit Hänger verladen und in einen LKW ohne Hänger. Dann sind wir in das Dimitroff rübergefahren. Wir haben alles in den Keller geschafft beim Dimitroff.“ [damals Georgi-Dimitroff-Museum, heute Bundesverwaltungsgericht]

Mit dem Ende ihres Einsatzes hatten die Steinmetze von der Kirche Abschied genommen:
„Dieser ging bis zum 29. Mai. An diesem Tag mussten wir aber auch schon am Vormittag verschwinden ...“
Und Herr Apel berichtet:
„Es wurde ja dann gebaggert ... Wir waren fertig und: packt Eure Sachen, raus!“

Neben Maaß und Findeisen stand für die wissenschaftliche Beratung noch der Archivar der Universität W. Lindner zur Verfügung und der Stadtverordnete Dr. Winkler, der ein Mitarbeiter des Museums der Bildenden Künste war. Hubert Maaß hielt seine Schweigeverpflichtung als IM bis zu seinem Lebensende. Ein persönliches Gespräch, das im Rahmen der historischen Recherchen in den 90er Jahren geführt wurde, verlief ohne Informationsgewinn.

Die geborgenen Objekte (laut Bergungslisten etwa knapp 100) aus der ehemaligen Universitätskirche lagerten zum überwiegenden Teil ca. 15 Jahre in den Kellerräumen des jetzigen Bundesverwaltungsgerichtes. Schon kurz nach der Sprengung war die Universität weder willens noch in der Lage, eine sinnvolle, kunstgerechte Verwendung der geborgenen Gegenstände zu planen. Dieser Besitz wurde als enorme Belastung empfunden. So drängten die Verantwortlichen des Dimitroff-Museums auf eine Auslagerung des Kunstgutes, die schließlich um 1982/83 in das Depot der Heilandskirche erfolgte und damit der evangelischen Kirchenleitung die weiteren Belastungen auferlegte. Dort ruhten die Gegenstände bis zum Ende der DDR und anschließend mehr als ein Jahrzehnt unter der Schirmherrschaft des Landes Sachsen. Sowohl in den Kellerräumen des Museums als auch in dem Depot der Heilandskirche standen die geborgenen Objekte unter derart ungünstigen Bedingungen, dass ein enormer Verfall eintrat, mit Ausnahme der bereits restaurierten Gegenstände (z. B. des Altars und der Diezmann-Tumba). Erst im Jahr 2003 gelang endlich der Kustodie der Universität die Umlagerung in eine klimatisch bessere Umgebung.

Trauernde Justitia aus dem Epitaph Ferdinand August Mommel †1765

Die Sprengung,
30. Mai 1968

Die Sprengung

ULRICH STÖTZNER

Dort, wo mehr als 700 Jahre die Kirche St. Pauli stand, als Kloster-kirche errichtet, später als Universitätskirche und Aula genutzt, mehrfach umgebaut, aber fast unverändert im spätgotischen Inneren, ließ die SED im Mai 1968 die intakte Kirche sprengen. Ein Gotteshaus passte nicht zur Universität mit dem Namen Karl Marx und nicht auf den gleichnamigen Platz mit einem neuen Universitätshochhaus, Symbol für eine unentwegt emporstrebende sozialistische Gesellschaft.[1]

Zu Himmelfahrt am 23. Mai – kein Feiertag in der DDR – fanden die letzten Gottesdienste statt. „Die Wege in der Geschichte der Kirche sind Wege zum nächsten Ort. [...] Freilich erscheint der Weg der Gemeinde oft allzu schwer und allzu lang. [...] Aber doch hat es immer wieder einen Aufbruch gegeben, eine Entschlossenheit, den Weg nicht zu verlieren." sagte der Universitätsprediger Professor Heinz Wagner in der Abschiedspredigt.

750 kg Sprengstoff in Bohrlöchern in den Außenwänden und Pfeilern der Kirche, gleichmäßig verteilt auf 18 Zeitstufen der 23-Millisekunden-Kurzzeitzünder und daran anschließende 11 Zeitstufen von Einhalbsekunden-Zünder, kamen am 30. Mai um 9.58 Uhr zur Detonation. Die Zündfolge war von der Nordwestecke der Kirche nach der Ostseite gerichtet, so dass der Ostgiebel zuletzt fiel. In sechs Sekunden war ein von Kriegen verschontes, vollständig erhaltenes gotisches Bauwerk unwiederbringlich vernichtet. Unwiederbringlich?

Die Zerstörung wurde in den Beschlüssen als „Abtragung von Altbausubstanz" bezeichnet, in so hartnäckiger Wiederholung, als müsse die Sprache endgültig einebnen, was am 30. Mai 1968 in einer Staubwolke versank. „Kulturbarbarei" lautet heute die feststehende Formel. Nein, es war ein politischer Gewaltakt wider jede Vernunft.

1   Hartmann 2007.

Geburt einer Bürgerinitiative

1968

Wir FORDERN WIEDER- AUFBAU

Die Plakataktion zum 3. Bachwettbewerb

Wir fordern Wiederaufbau!

MARTIN HELMSTEDT

W ährend in den Straßen der Innenstadt noch Ruinen des Zweiten Weltkrieges standen, wurden die Trümmer der Paulinerkirche eiligst im 24-Stunden-Betrieb in einer Sandgrube am Stadtrand abgekippt, mit anderen überhäuft und damit unsichtbar und unzugänglich gemacht, um die spätere Wiedergewinnung bis heute unmöglich zu machen.

Zusammen mit der mutigen Aktion zum Preisträgerkonzert des 3. Internationalen Bachwettbewerbs 1968 wenige Wochen nach der Sprengung, die von jungen Physikern ausgedacht und in der Kongresshalle ausgeführt wurde, waren die spontanen Aktionen und Reaktionen der Leipziger in ihrer Gesamtheit die einzige große Protestaktion hinter Mauer und Stacheldraht nach dem 17. Juni 1953 und vor den Ereignissen vom 9. Oktober 1989. Deshalb hat das Bild der hinter den Staubwolken der Sprengung sichtbar werdenden Nikolaikirche eine hohe Symbolkraft.

Auf einem Plakat, das sich unter euphorischem Beifall vor den Teilnehmern und Besuchern des Bachwettbewerbes entrollte, lasen Musikfreunde, Presseleute aus Ost und West und natürlich auch Mitarbeiter des Staatssicherheitsdienstes: „Wir fordern Wiederaufbau!"[1]

Einer der Preisträger war der junge Organist Kurt Grahl, wir erinnern uns, der letzte, der die Orgel der Universitätskirche gespielt hatte. Der Paulinerverein nahm die Forderung nach Wiederaufbau 1991 auf und vertritt sie bis heute.

Fortan wurden die Paulinerkirche und die Vorgänge um ihre Zerstörung beharrlich und planmäßig totgeschwiegen, Publikationen aus Bibliotheken beseitigt und Tonbänder des Rundfunks gelöscht.

1968 fand in Westdeutschland der 10. Sachsentag statt. Nur wenige Wochen nach der Sprengung der Universitätskirche St. Pauli hatte man dort beschlossen, als Poststempel die unversehrte Paulinerkirche

Abgestempelt

zu wählen. A. B. aus Bad Blankenburg schickte eine Antwortkarte nach Münster mit der Bitte um abgestempelte Rücksendung. Es geschah wie erbeten.

Erst 1989 keimten langsam freie Diskussionen aus der Meinungswüste des totalitären Staates. Eine der Forderungen der Leipziger Bürger war der Wiederaufbau der Universitätskirche. Durch einen Tonmitschnitt erhalten ist der Redebeitrag von Ulrich Stötzner anlässlich eines Dialoges am 5. November 1989 im Academixer-Keller:

„Ich möchte hier heute in diesem Kreis eine Idee äußern, die vielleicht erst das Problem von übermorgen ist, aber es ist ein Gedanke, mit dem ich mich seit 20 Jahren trage. Dort, wo das Café Felsche stand und vielleicht ein Stück von der Unikirche, stehen jetzt vier Fahnenstangen, da ist noch Platz. Ich möchte den Stadtarchitekten bitten, diesen Platz auch bei künftigen Planungen freizulassen. Vielleicht ließe sich dort mal eine moderne St. Pauli-Gedächtniskapelle errichten, die dann Heimstatt der Theologischen Fakultät, der Studentengemeinde und vielleicht auch ein Sinnbild und eine Erinnerung an dieser Stelle sein kann, wo ja letzten Endes am 2. Oktober unsere Demonstrationen ihren Anfang nahmen." (starker Beifall)" [2]

Gerald Müller-Simon, Umgestaltung des Karl-Marx-Platzes, 1986 (Öl)

1   Vgl. G. Fritzsch, 1993, H. Fritzsch, 1990, D. Koch, 2000, S. Welzk, 2011.
2   Abbe/Stieler/Hofmann 2014.

Eine Idee wird Realität

MARTIN HELMSTEDT

Für unzählige Leipziger Bürger war die Vernichtung dieses Gotteshauses ein traumatisches Erlebnis. Die dabei waren, werden es nicht vergessen. Trotzdem ist es dem Propagandaapparat der SED gelungen, gezielt die öffentliche Erinnerung auszulöschen. Dafür nur ein Beispiel: So findet sich in dem in der DDR weit verbreiteten „Magazin" von 1985 in einem breit angelegten Artikel von Bernd Weinkauf über den Karl-Marx-Platz: „Der rote Platz von Leipzig"[1] nicht der kleinste Hinweis zur Sprengung der Universitätskirche. So war es in allen Medien der DDR, und nicht zuletzt deshalb war es nach 1989 schwierig, Menschen für den Gedanken des Wiederaufbaues zu gewinnen.

Joachim Busse, der aus Leipzig stammende Osteroder Gymnasiallehrer, hatte schon 1991 in einem ausführlichen Leserbrief an das Sächsische Tageblatt die Idee des Wiederaufbaues der Universitätskirche St. Pauli publiziert, detaillierte Vorschläge zu ihrer Realisierung gemacht und die Gründung einer Bürgerinitiative vorgeschlagen.[2] Er wurde damit ihr geistiger Vater. Im Dezember 1991 versammelten er und Christine Genest mittels einer Anzeige die Leipziger um sich, die sich für den Wiederaufbau der Universitätskirche St. Pauli einsetzen wollten. Noch vor Weihnachten trafen sich etwa ein Dutzend Idealisten und beschlossen, am 15. Januar 1992 eine Bürgerinitiative zum Wiederaufbau von Universitätskirche und Augusteum als eingetragenen Verein ins Leben zu rufen. Die Erinnerung an den barbarischen Willkürakt der Zerstörung dieser beiden Bauwerke in der Bevölkerung zu bewahren, die Universität Leipzig bei der Erhaltung und Pflege der erhaltenen Kunstwerke zu unterstützen und den Wiederaufbau zu fördern, dies waren die erklärten Ziele der Bürgerbewegung. Das Zustandekommen

Lithographie „Universitätskirche" von Bernhard Heisig, 1992

Mitglieder des ersten Vorstandes im Jahr 1993, in der Mitte der Vorsitzende, Prof. Dr. Salomon, und Otto Künnemann

des heute richtungweisenden Namens Paulinerverein war das Ergebnis einer heißen und, wie man heute weiß, erfolgreichen Diskussion.

Am Anfang traf sich eine Gruppe von Aktiven, aus der ein erster Vorstand gewählt wurde. Ursula Funke betreute zwei Jahrzehnte lang das Vereinsarchiv, in dem bis heute Publikationen und andere Dokumente gesammelt werden, die den Wiederaufbau der Universitätsgebäude betreffen. Vereinssatzung und Geschäftsordnung wurden von dem Rechtsanwalt Götz Genest verfasst und in der Mitgliederversammlung beschlossen. Eine Arbeitsgruppe um die Architekten Friedrich Brauer und Friedrich Mühlberg war von Anfang an mit den Möglichkeiten des Wiederaufbaus befasst und wurde umgehend aktiv, als der erste Wettbewerb ausgelobt wurde.

Als Ehrenmitglieder wurden berufen Ernst-Heinz Amberg, Hans Mayer und Heinz Wagner, Pater Gordian Landwehr, Hans-Georg Rausch, Günter und Harald Fritzsch, sowie Rudolf Treumann und Stefan Welzk.

Die ersten Jahre der Vereinsarbeit waren erfüllt von den „Mühen der Ebene". So galt es, dass sich Leipzig seiner Universitätskirche rückbesinnen und sich mit dem Gedanken des Wiederaufbaus auseinandersetzen sollte. Jede sich bietende Möglichkeit wurde konsequent genutzt: Als Aussteller zu den Leipziger Denkmal-Messen knüpften wir Kontakte mit Fachleuten und Gleichgesinnten. Der eindrucksvolle Band „Universitätskirche Leipzig – Ein Streitfall?" (Autorenkollektiv 1992), herausgegeben unter anderen vom MDR, der Bildzeitung und vom Paulinerverein, wurde zum ersten breiten Forum verschiedener Meinungen. Während des Deutschen Evangelischen Kirchentages in Leipzig 1997 wurde auf dem Gipfel des Trümmerberges in Leipzig-Probstheida (ehemals Etzoldsche Sandgrube) ein Holzkreuz zur Erinnerung an den Ort der Ablage der Sprengungstrümmer errichtet. Am Stand des Paulinervereins zu diesem Kirchentag signierte Pater Gordian Landwehr sein Buch „Was ich erleben durfte" (Gordian 1995). Der Maler Bernhard Heisig spendete eine Lithographie.

Bernhard Heisig signiert
seine Lithographie

Pater Gordian Landwehr am Stand des Paulinervereins zum Deutschen Evangelischen Kirchentag in Leipzig 1997

Die Kultur- und Umweltstiftung der Sparkasse Leipzig unterstützte die alljährlichen Gedenkkonzerte und spendete einen Zinnbecher, dessen Verkaufserlöse dem Wiederaufbau zugute kommen sollten. Unser Mitglied Wieland Zumpe erarbeitete die umfangreiche Dokumentation *Lipsikon*. Der MDR mit Unterstützung seines Intendanten Udo Reiter ließ in den Fernsehdokumentationen „Der Fall der Universitätskirche St. Pauli" und „Stasiakte Paulinerkirche" Geschichte lebendig werden und übertrug im Rundfunk die ersten Gedenkkonzerte. Auch Leipzig Fernsehen berichtete regelmäßig über die Vorgänge rund um den Wiederaufbau der Paulinerkirche. Christine Clauß, Kurt Nowak und Kurt-Ulrich Mayer an der Spitze der Leipziger CDU und Peggy Liebscher von der Jungen Union unterstützten den Wiederaufbau, getragen vom Votum ihrer Parteifreunde, wie auch die Stadträte der Bürgerfraktion und der DSU, voran Karl-Heinz Obser. Anders die SPD: Wolfgang Tiefensee als Oberbürgermeister und die anderen Stadträte der SPD mit Ausnahme von Christian Jonas waren Gegner des Wiederaufbaues, so dass im Stadtrat eine Mehrheit nicht zustande kam, denn von der PDS war die Unterstützung für einen Kirchen-Neubau nicht zu erwarten.

Verhängung des sog. Marx-
Monumentes

Plakataktion am 30. Mai 1998

Keines der Gründungsmitglieder konnte damals ahnen, wie viel Geduld, aber auch Durchsetzungsvermögen nicht zuletzt gegenüber den Problemen in den eigenen Reihen aufgebracht werden musste, bis die neue Kirche erstehen würde.

Nach dem Willen seiner damals 216, später zeitweise über 400 Mitglieder deutschlandweit, wirkte der Verein, um die Meinung Tausender Leipziger bei der Universitätsleitung und beim Bauherrn in Dresden zur Geltung zu bringen, damit die Kirche wieder für geistliche und geistige Zwecke und für die weithin bekannte Leipziger Universitätsmusik zur Verfügung stehen würde. Unzählige Gespräche mit den Rektoren, dem Kanzler, dem Kustos und anderen Vertretern der Universität, der

---

Die ersten Gedenkkonzerte des Paulinervereins

1993 Gewandhaus, Großer Saal, Universitätschor / Unger, u. a. J. S. Bach: Trauerode, Redner: Harald Fritzsch / Cornelius Weiss

1994 Gewandhaus, Großer Saal, Güttler / Kircheis, Redner: Stefan Welzk

1995 Gewandhaus, Großer Saal, Schönheit, Thomanerchor / Biller, Redner: Günter Fritzsch

1996 Gewandhaus, Großer Saal, Universitätschor / Unger, u. a. Treibmann: Hoffnungslied (Uraufführung), Redner: Rudolf Treumann

1997 Altes Rathaus, Universitätschor / Unger, J. S. Bach: Kantaten, Redner: Gordian Landwehr

1998 Gewandhaus, Mendelssohn-Saal, Universitätschor / Unger, J. Haydn: „Die Schöpfung"

1999 Altes Rathaus, „Jugendmusiziergruppe Michael Praetorius" / Rummel, Kammermusikgruppe der Fakultät für Physik / Riede, Redner: Ernst-Heinz Amberg

2000 Mendelssohnhaus, Ensemble Amarcord

2001 Thomaskirche, Synagogalchor / Klotz, Redner: Cornelius Weiss

2002 Altes Rathaus, Leipziger Barocksolisten / MacDonald, Redner: Günter Blobel

Landeskirchen, der Sächsischen Staatsregierung wurden geführt, zahlreiche Interviews in Rundfunk und Fernsehen fanden nach und nach Interessenten über Leipzig hinaus.

Mit dem Erlös des ersten von insgesamt zehn Benefiz- und Gedenkkonzerten unter der Leitung des unvergessenen Universitätsmusikdirektors Wolfgang Unger wurde die sogenannte „Böhmische Tafel", eines der ältesten und geschichtsträchtigen Kunstwerke restauriert.

Wir regten 1996 an, die kostbaren steinernen Epitaphien nicht länger im Freien der Witterung und anderen Unbilden auszusetzen. An ihren Wänden waren sie frei zugänglich und wurden zur Zielscheibe von Vandalen, die herausstehende Teile abschlugen. Der folgende Brief wurde zum Auslöser, denn bei diesem Gedankenaustausch entwickelte der Kanzler der Universität die Idee zum Gedenkpavillon in der Grimmaischen Straße, der an exponierter Stelle bis zum Abriss der Gebäude viele Jahre an die Universitätskirche erinnerte:

Leipzig, am 17. November 1996

Magnifizenz,
sehr geehrter Herr Gutjahr-Löser,
sehr geehrter Herr Behrends!
Das anliegende Photo, aufgenommen am 30. Oktober 1996, veranlasste die Mitglieder des Vorstandes des Paulinervereins zur Diskussion.
28 Jahre nach der Sprengung von Paulinerkirche und Augusteum und 7 Jahre nach dem Jahr 1989 erleben unsere Studenten, Mitarbeiter und andere Leipziger wertvolle Baudenkmale aus der Paulinerkirche in diesem Umfeld.

Von Anfang an verstand sich der Paulinerverein als Partner der Universität. Kennzeichnend für jene Zeit war das noch unbelastete Verhältnis zur Universitätsleitung. So wirkte Rektor Weiss als Redner des ersten Gedenkkonzertes und nahm auch an einem unserer öffentlichen Foren zum Wiederaufbau 1998 konstruktiv teil, und die Zeitschrift „Universität Leipzig" war für unsere Meinungsäußerungen offen.[3]

Überhaupt: Mit diesem „Paulinerforum", bestehend aus drei Veranstaltungen, ging der Verein 1998 gezielt in die Öffentlichkeit und bezog namhafte Vertreter der Universität, so Rektor Cornelius Weiss und

Kustos Rainer Behrends, den Baudezernenten Engelbert Lütke Daldrup, seinen Amtsvorgänger Niels Gormsen und Leipziger Architekten in den Prozess der Meinungsbildung zum Wiederaufbau der Kirche ein. Das Forum gelang, denn nach diesen drei Diskussionsabenden waren die widerstreitenden Positionen klar.

Am ersten Abend (Weshalb Wiederaufbau …?) sollten neben der Historie zugleich Möglichkeiten der Nutzung aufgezeigt werden. Der zweite (Wiederaufbau wie …?) erlaubte Kunsthistorikern und Architekten das Abwägen von gestalterischen Möglichkeiten und der Anwendbarkeit der zentralen Richtlinie der Denkmalpflege, der Charta von Venedig. Letzteres hatte für die Kunsthistoriker Priorität. Auch der dritte Abend (Wann …?) ist aus heutiger Sicht interessant.

Im Protokoll finden wir Kostenschätzungen von Architekten für verschiedene Varianten, allesamt im zweistelligen Millionenbereich (damals DM).

Im Vorfeld des 30. Jahrestages der Sprengung, 1998, schickte sich der Paulinerverein an, in geeigneter Form an Verlorenes zu erinnern. Mittels einer Laser-Visualisierung oder mit einem 1:1-Abbild der Kirche auf einer großen Leinwand sollte an der originalen Stelle die Erinnerung wachgerufen werden. Zur gleichen Zeit kam vom Archi-

Epitaphe im Innenhof der Universität

Die Installation Paulinerkirche 1998

tekturbüro Henning Kreitz der Vorschlag, eine Idee des Graphikers Axel Guhlmann in die Tat umzusetzen und ein stilisiertes Abbild der Paulinerkirche in Form eines stählernen Dreiecks vor dem Marx-Monument „Aufbruch" aufzustellen. Diese Idee fand die Unterstützung des Vorstandes und wurde von Jutta Schrödl und Henning Kreitz mit Einwilligung der Stadt und der Universität realisiert. Am 30. Mai 1998 eröffnete Oberbürgermeister Tiefensee als Schirmherr die „Installation Paulinerkirche". Durch diese Installation wurde ein sichtbarer und unmissverständlicher Gegenpol zur ideologischen Anmaßung des Reliefs „Aufbruch" geschaffen.[4] Die ursprünglich vorgesehene Standzeit von 100 Tagen wurde weit überschritten: Der stählerne Giebel stand bis 2006 an dieser Stelle.

Die Leipziger Volkszeitung veröffentlichte im Dezember 1999 ein Interview mit dem frisch gekürten Nobelpreisträger für Medizin, Günter Blobel. Er spendete den Preis für den Wiederaufbau der Dresdener Frauenkirche, befürwortete aber auch den Wiederaufbau der Leipziger Universitätskirche. Dies veranlasste den Vorstand, ihn an die Spitze des Paulinervereins zu rufen. Er nahm die Wahl an und führte den Verein seit 2002 fortan aus der Ferne. Günter Blobel kam zur rechten Zeit. Auf dem soliden Fundament eines funktionierenden Bürgervereins waren seine Ideen und Aktivitäten, gepaart mit hoher Glaubwürdigkeit, erfolgreich.

| 1 | Weinkauf, 1985. | 3 | Helmstedt, 1998. |
| 2 | Busse, 1991. | 4 | Schrödl/Unger/Werner, 1998. |

Günter Blobel 2002
in Leipzig

Wiederaufbau – aber wie?

MARTIN HELMSTEDT

Die Paulinerkirche musste ja vor allem deshalb beseitigt werden, weil sie auf dem nach Karl Marx benannten Aufmarschplatz ein Anachronismus war, mit dem Ulbricht und seine Genossen nicht leben wollten. Die Berliner Marienkirche als Gegenstück zum Fernsehturm ist wohl dem gleichen Schicksal entgangen, weil das in Berlin, nur wenige Meter von der Grenze entfernt, bei Weitem mehr Staub aufgewirbelt hätte.

Erst nach 1990 konnte, wie auch in anderen ostdeutschen Städten, frei der Wiederaufbau von Gebäuden diskutiert werden, die die Bürger als zu ihrer Identität gehörig anerkannten. Das Berliner Stadtschloss war eine Kriegsruine, ebenso die Potsdamer Garnisonkirche. Beide Ruinen wurden abgeräumt, um die Zeugen der preußischen Geschichte zu beseitigen. Dank der Tatsache, dass es den Dresdnern gelang, die eindrucksvolle Ruine der Frauenkirche als Mahnmal zu erhalten, war diese nach 1990 vorhanden und ihr Bauplatz somit frei. Wir wollen nicht rätseln, wie sich ihr großartiger Wiederaufbau gestaltet hätte, wäre er mit den gleichen Problemen belastet gewesen, wie jener der Leipziger Universitätskirche. Diese nimmt aus mehreren Gründen eine Sonderstellung ein: Abgesehen davon, dass sie im Krieg nicht zerstört wurde, sondern aus voller Funktion im tiefen Frieden, war nach 1990 ihr Bauplatz teilweise mit den Nachfolgegebäuden besetzt. Diese Gebäude wurden gebraucht und standen bei dem Mangel an Unterrichtsräumen, speziell im Innenstadtbereich der Universität, nicht zur Disposition. Nicht zuletzt waren die Sprengungstrümmer der Kirche mit voller Absicht weitgehend unzugänglich deponiert worden, und ihre Bergung für den archäologischen Wiederaufbau wäre mit ungewöhnlich hohen Kosten verknüpft gewesen. Auch können Hochschulbaumittel nicht zum Kirchenbau verwendet werden. Dieses war ein wichtiges Argument für alle, die den Kirchenbau ablehnten. Ein weiteres Problem schaffte

Stahlbeton bringt nicht

Leserbrief in der
Leipziger Volkszeitung vom 28. 6.1993

Zu den Leserbriefen zum Thema: Alte Uni-Kirche wieder aufbauen oder nicht? (19. Juni)

Die Diskussion, ob die Universitätskirche wieder aufzubauen sei oder nicht, nimmt kein Ende. Das ist verständlich. Zu ungeheuerlich war das Verbrechen, diese Kirche zu sprengen. Zu tief sind dadurch unzählige Menschen innerlich verletzt worden. Wer den Herbst '89 in Leipzig verstehen will, muß auch an den Mai 1968 denken!

Ich verstehe darum die Mitbürger, die aus der eben beschriebenen Verletztheit heraus Geschehenes ungeschehen machen möchten.

Aber es gibt auch die Täter. Es gibt auch die Mitläufer. Sie schämen sich auch. Aber es ist zu spät. Ich kenne einige, die möchten den Schandfleck auf ihrer sonst so verklärten nostalgischen Vergangenheitssicht möglichst lautlos ausbügeln nach dem Motto: Es war doch alles nicht so schlimm.

Gerade die schmerzliche Erinnerung an die Universitätskirche zeigt uns: Doch, es war schlimm. Es war sehr schlimm sogar. Nicht im vordergründigen Vergehen aneinander. Aber im bewußten und gewollten Verbrechen an unserer Geschichte, an unserer Kultur, an unserem Glauben.

Die Forderung nach dem Wiederaufbau der Universitätskirche kann ich wohl verstehen. Und ich verstehe die ehrlich Betroffenen unter uns besonders gut. Aber dennoch kann ich ein solches Projekt nicht befürworten. Der Blick nach Dresden hilft hier nicht weiter. Dort sind durch schreckliche Kriegsfolgen, durch „Feindeinwirkungen" unermeßliche Schäden entstanden. Hier in Leipzig ist die jetzige Form des Augustusplatzes ein – wenn auch ernüchterndes – Dokument ideologischen Vandalismusses.

Wollen und dürfen wir diese Untat verkleistern? Der Schaden ist eben unersetzbar. Das Geschehene ist nicht ungeschehen zu machen. Ein Stahlbetonpflaster bringt eben nicht den Geist der hohen Gotik wieder. Wir würden einer Lüge aufsitzen. Wir tun gut daran, die Vergangenheit nicht schon wieder zu verdrängen. Nur das Wissen um konkrete Schuld, um konkretes Versagen, um konkrete erfahrene Ohnmachtserlebnisse macht uns lernfähig für die Gegenwart und lebensfähig für die Zukunft.

Wir können nicht mit der Lebenslüge auskommen, indem wir etwa Auschwitz zum nichtssagenden Acker zurückbilden. Wir können auch die Vergangenheit nicht auslöschen, indem wir die Soldatengräber der ehemaligen Freunde und Gegner einebnen würden. Und wir können die Bar

---

Finanzminister Milbradt mit dem Verkauf des Uni-Hochhauses ohne Einwilligung der Universität: Zweifellos ein Affront gegen die Universitätsleitung, die auf ihre Autonomie pochte und in der Folge besonders sensibel auf Einmischungen aus Dresden reagierte. Die sich anschließende juristische Auseinandersetzung führte zu der Entscheidung, dass nur die Universität allein über das Gelände am Augustusplatz und die darauf befindlichen Gebäude verfügen solle, dem für unser Anliegen des Wiederaufbaues denkbar ungünstigsten Ergebnis.

Die Mitglieder des Paulinervereins diskutierten 2001 im Rahmen einer Mitgliederumfrage sechs verschiedene Möglichkeiten:

Version 1: Archäologische Rekonstruktion der Paulinerkirche und des Kreuzganges im Zustand von 1968: Bautechnik und Materialien

Geist der Gotik wieder

barei von Walter Ulbricht und Paul Fröhlich nicht vergessen machen und die dunkle Stunde des fast einstimmigen Ratsbeschlusses!

Vielleicht findet die Universität eine würdige Form der Erinnerung an ihre Kirche, etwa dann, wenn ein Auditorium maximum gebraucht wird. Dagegen ist nichts einzuwenden.

Aber es gibt auch noch zwei andere Gründe: Ich will niemandem zu nahe treten, der ein weiteres „Gotteshaus" in der Innenstadt wünscht. Ich erinnere nur daran, daß in den beiden Kirchen der Innenstadt Woche für Woche mehr als 3400 Kirchensitze einladen. Denken wir noch an die Reformierte Kirche und an die Propsteikirche, die Michaeliskirche, die Lutherkirche und die Peterskirche, so kommen wir leicht auf die Summe von 7000 bis 8000 Plätzen. Der Andrang nach geistlichem Leben ist indessen nicht so stark, daß wir – oder die Universität – noch eine Kirche brauchten.

Der zweite Grund wird überhaupt nicht gesehen. Das sind die laufenden Kosten für die bauliche Unterhaltung und die Benutzung solcher Großräume! Fragen Sie einmal den Propst, was die Propsteikirche aufbringen muß, um ihre fast neue Bausubstanz zu sichern! Fragen Sie, was unsere reformierten Mitchristen an Ausgaben hatten, um die Innenrenovierung durchzuführen! Und während in der Zeitung immer wieder mal der Wiederaufbau der Universitätskirche gefordert wird, weiß der Kirchenvorstand der Thomaskirche nicht, wie er die 800 000 bis 1 Million Mark aufbringen soll, um die Heizung aus dem Jahr 1926 (!) zu erneuern! Zwar gab es in den letzten Tagen einen Artikel, der den Eindruck erwecken sollte, die Thomaskirche schöpfe aus dem Vollen und restauriere fröhlich mit zweistelligen Millionensummen. So kann man auch diffamieren und Gemeinden gegeneinander aufhetzen! Wir stehen im Blick auf die Heizperiode 93/94 vor unabsehbaren Konsequenzen, wenn es uns nicht gelingt, das Geld für die Heizung zu beschaffen.

Auf diesem harten, aber realistischen Hintergrund nimmt sich die Forderung nach dem Wiederaufbau der Universitätskirche rührend und weltfremd aus, wenn man nicht gar von blankem Hohn sprechen will. Und dabei habe ich noch nicht einmal die Bau- und Erhaltungssorgen der schon genannten Kirchen und vieler anderer in unserer Stadt aufgezählt.

Übrigens: Ich halte den Wiederaufbau der Frauenkirche in Dresden für unangemessen und falsch.

Johannes Richter, Superintendent,
Thomaskirche Leipzig

original unter Gewinnung des Originalmaterials durch Abtragen des Hügels über den Etzoldschen Sandgruben in Probstheida.

Version 2: Wiederaufbau der Architektur der Paulinerkirche und des Kreuzganges im Zustand von 1968; Materialien neu wie original unter Verwendung aller originalen Teile und Kunstgegenstände. Der Kirchenraum erfüllt ohne tiefgreifende Änderungen auch die Forderungen der Universität bezüglich einer Aula für akademische Festlichkeiten. Schaffung eines Kellergeschosses, das Besucher- und Künstlergarderoben und andere Versorgungseinrichtungen enthält. Verbesserung der Raumsituation auf der Empore für Choraufführungen. Kreuzgang dient auch als Zugang vom Augustusplatz, wie früher.

Version 3: Aula unter Benutzung architektonischer Elemente der Paulinerkirche

Version 4: Aula mit Zügen der Paulinerkirche (Erinnerungsfunktion)
Moderne Universitätsaula mit Bezügen zum früheren Kirchenraum sowie architektonischen Zitaten unter Benutzung der erhaltenen Kunst- und Gebrauchsgegenstände
Version 5: Moderne Kirche/Aula als Kirchenneubau des 21. Jahrhunderts, inspiriert durch Elemente der gotischen Paulinerkirche
Version 6: Aula ohne Bezüge zu früheren Bauten am gleichen Platz.

Die Mitglieder entschieden sich für Version 2. Diese war somit auch das verbindliche Ziel, das fortan alle Vorstandsmitglieder vertreten mussten: Neubau der architektonischen Gestalt der gotischen Kirche aus traditionellen Materialien, mit echten tragenden Gewölben, mit dem Giebel von 1897, dem Dachreiter und der Rosette und natürlich auch dem Kreuzgang, der früher den Eingang vom Augustusplatz bildete. Auch wenn dies aus Unkenntnis oft anders behauptet wird, war damit nicht der archäologische Nachbau nach dem Vorbild der Dresdner Frauenkirche gemeint. Realisiert wurde später durch Erick van Egeraat Version 4, der Entwurf von Behet und Bonzio entspricht Version 6.

Diese architektonische Hülle zusammen mit den erhaltenen Kunstwerken sollte als Kirche und Aula der Universität und damit der Öffentlichkeit Leipzigs zur Verfügung stehen. Man darf sicher sein, dass die Mitglieder sich jahrelang mit diesem Metier beschäftigt hatten. Johannes Richter, Superintendent und Pfarrer an der Thomaskirche, brachte schon 1993 seine Meinung in einem Leserbrief zum Ausdruck, den wir deshalb hier veröffentlichen. Nur scheinbar stand diese damals im Gegensatz zum Paulinerverein, denn an einen Betonbau haben wir nicht gedacht. Und heute muss sich van Egeraats Architektur dieser Meinung („... Stahlbeton bringt eben nicht den Geist der hohen Gotik wieder") stellen ... und bestehen?

In den Medien belebte sich die Diskussion um das Ob und Wie eines Wiederaufbaues der Universitätskirche zunehmend. Die Position des Paulinervereins war durch das Mitgliedervotum festgelegt, die der Universitätsleitung durch Beschlüsse des Konzils und Senats der Universität. Beide schienen unvereinbar. Keiner konnte ahnen, welche eigenwilligen Lösungen van Egeraat später unter dem Einfluss der Forderungen der Universität finden würde.

Universität und Paulinerverein im Spannungsfeld

Martin Helmstedt

Am 1. Oktober 1994 äußerte sich Cornelius Weiss, damals Rektor der Universität Leipzig, in der Leipziger Volkszeitung zu dem Problem des Wiederaufbaues der Universitätskirche. Er brachte erstmalig seine Idee ins Spiel, statt der Kirche eine Universitätsaula zu bauen und sprach sich gegen den originalgetreuen Wiederaufbau mit folgenden Argumenten aus:

„Der würde nur der Gewissensberuhigung dienen und Züge eines potemkinschen Dorfes tragen, weil weder Originalteile noch Pläne übriggeblieben sind. Ganz abgesehen davon, dass damals die Orgel, die Grabdenkmäler und die Särge der Rektoren unwiederbringlich zerstört wurden. Die Kirche war vor allem geistiges Zentrum. Ich glaube nicht, dass ein Neubau für vielleicht eine Milliarde Mark wieder so angenommen würde.“[1]

Vermutlich wurden auf der Basis dieser Behauptungen Entscheidungen von Anfang an unter falschen Voraussetzungen gefällt. Zunächst einmal hätte man für eine Milliarde Mark vier Frauenkirchen bauen können. Die Rekonstruktion der eher schlichten Paulinerkirche hätte einen zweistelligen Millionenbetrag gekostet.

Weiterhin fielen zwar Hunderte von Särgen in den Grüften und die große Mende-Eule-Orgel dem kommunistischen Fanatismus anheim, aber es ist ein großer Glücksfall, dass neben der originalen Glocke der Paulinerkirche die vor der Sprengung ausgebauten Epitaphien und zahlreiche andere Kunstschätze gerettet worden waren, und zwar für jeden Leipziger sichtbar. Pläne von 1230, als die Dominikanermönche ihr Kloster und die Hallenkirche zu bauen begannen, gibt es so ebenso wenig wie für andere Gebäude aus dieser Zeit. Auch die Werkstatt des Kölner Domes muss ohne solche auskommen. Die Pläne der Paulinerkirche aus den Jahren des Umbaues durch Arwed Rossbach jedoch, dokumentarische Fotos und eine photogrammetrische Aufnahme im Auftrag des Landesdenkmalamtes kurz vor der Sprengung sind vorhanden.

Das Argument der Kunsthistoriker gegen einen originalgetreuen Wiederaufbau basierte auf der Charta von Venedig aus dem Jahre 1964, in der festgelegt wurde, dass bauliche Eingriffe die Struktur und Gestalt eines Denkmals nicht verändern sollten, um die Beiträge aller Epochen zu respektieren.[2] Die Frage ist freilich, ob man diese Übereinkunft (denn mehr ist es nicht) auf unseren Fall anwenden sollte, bezog man sich doch damals auf die Fälle, die man kannte – auf Zerstörung durch Erdbeben, Kriege oder durch den Zahn der Zeit. Die originalgetreu wiedererstandene Kirche mit den genannten Originalteilen wäre sicher kein potemkinsches Dorf gewesen, sondern ein einzigartiges Denkmal für den revolutionären Willen der Leipziger Bürger, die nicht erst 1989 dem Regime ihre Zähne zeigten, sondern schon 1968 gegen den Abriss eines im Krieg unzerstörten gotischen Bauwerkes protestierten. Dies ist die symbolische, also politische Komponente, für die man allerdings einen Sensor haben muss. Viele Diskussionen um ein Freiheits- und Einheitsdenkmal für Leipzig wären von Anfang an überflüssig gewesen.

Alle Diskussionen zum Wiederaufbau an der Universität standen unter dem Leitstern, der schon 1994 von Weiss als Rektor und oberstem Dienstherren vorgegeben wurde. Aber erst am 8. November 1999 beschloss das Konzil der Universität Leitvorstellungen zur Neugestaltung des Komplexes am Augustusplatz.

Es „*beauftragt den Rektor, folgende Leitideen in das Ausschreibungsverfahren einzubringen: [...] 3. Für akademische Feierlichkeiten, Konzerte und Gottesdienste wird eine repräsentative Aula errichtet. [...] Sollte zur Durchführung des Wettbewerbs eine weitere Konkretisierung der Leitlinien notwendig sein, so erfolgt diese durch den Senat. Das Konzil ersucht den Freistaat Sachsen als Bauherren angesichts der großen Bedeutung, die diesem Bauvorhaben für die Universität und das Stadtbild zukommt, bei der Besetzung der Wettbewerbsjury die Mitgliedergruppen der Universität und die* **städtische Öffentlichkeit** *(Hervorhebung vom Verfasser) zu berücksichtigen.*"[3]

Hier wird der Bau einer repräsentativen Aula festgeschrieben, über deren Aussehen jedoch nichts ausgesagt wurde. Andere Meinungen wurden nicht zur Kenntnis genommen.

Somit standen sich zwei nicht kompromissfähige Konzepte gegenüber: Der Paulinerverein setzte sich für den Wiederaufbau der Paulinerkirche ein. Dies hätte die Nutzung als Kirche und Aula wie in früheren Jahrhunderten ermöglicht. Die Universität forderte eine Mehrzweck-Aula mit dem Ziel, diese für akademische Feiern zu nutzen. Später wurde unterschwellig deutlich, dass man sie auch für Veranstaltungen vermieten wollte. Auch wünschte der Studentenrat, in dieser Aula studentische Veranstaltungen im weitesten Sinne durchführen zu können. Natürlich kann eine geweihte Kirche nicht für Tanzveranstaltungen herhalten, auch nicht für Werbeveranstaltungen wie Modeschauen oder Ähnliches. Also wurde der Konzilsbeschluss überinterpretiert und der Wiederaufbau für den bevorstehenden Wettbewerb gleich vollständig ausgeschlossen, statt dies dem schöpferischen Geist der Architekten zu überlassen und dann die beste Lösung zu suchen.

Ob sich Blobel oder Güttler zu Wort meldeten, Gewandhauskapellmeister Blomstedt, das Malerehepaar Mattheuer oder Carl Friedrich von Weizsäcker zusammen mit inzwischen Hunderten von Opfern der kommunistischen Willkür, Politikern und Leipzigern in aller Welt, immer wieder wurde das Anliegen „Wir fordern Wiederaufbau!" abgeschmettert, ob 1998, 1999, 2000, 2001 ...

Den ersten Kulminationspunkt erlebten die Leipziger im Januar 2003, als sich die Sächsische Staatsregierung unter Georg Milbradt erlaubte, gegen den Willen der „autonomen" Universität den Wiederaufbau zu beschließen. Rektor Bigl trat unter Protest gegen diesen Beschluss mit der Begründung zurück, die Universität sei keine nachgeschaltete Behörde wie etwa eine Schule, sondern eine jahrhundertealte Wissenschaftseinrichtung, die sich nach Jahren der politischen Indoktrinierung und Unterdrückung das Recht auf Selbstverwaltung nach der Wiedervereinigung erneut erworben hat. Dieses Recht stehe im Zentrum des Selbstbewusstseins der Universität und Einmischungen seitens des Kabinetts seien in keiner Weise zu tolerieren.

Der ehemalige Rektor Weiss hatte den Beschluss zum Wiederaufbau als „Kulturkampf mit polit-strategischer Note" bezeichnet. Leipzig solle „auf kaltem Wege christianisiert" werden. Der Fraktionsvorsitzende der CDU im sächsischen Landtag, Fritz Hähle, bezeichnete Weiss daraufhin als Chef-Ideologen der SPD-Fraktion, der jeden verurteile, „der nicht seiner Meinung ist". Wer die Mitglieder des Leipziger Paulinervereins bis hin zu Nobelpreisträger Blobel als Mittelmaß und ewig Gestrige beschimpfe, habe seine moralische Legitimation verloren.[4] Die Bezeichnung „Kulturkampf" ist also leider durchaus berechtigt.

Am Tag nach dem Rücktritt von Volker Bigl folgten ihm die drei Prorektoren (alle vier setzten *ad interim* ihre Tätigkeit noch monatelang fort, bis ein neues Rektoratskollegium gewählt worden war) und der StudentInnenrat hatte für den Nachmittag des 30. Januar 2003 zu einer Protestkundgebung vor dem Gewandhaus aufgerufen, wo Bigl seinen Rücktritt mit dem „Vertrauensbruch" durch die Landesregierung rechtfertigte.

Im Anschluss veranstaltete der Hörfunksender MDR Figaro im Foyer des Leipziger Gewandhauses eine Diskussionsrunde zum Wiederaufbau der Paulinerkirche. Einige Teilnehmer der Protestkundgebung und andere Kirchengegner versuchten, das live übertragene Streitgespräch im Gewandhausfoyer auf ihre Weise „mitzugestalten": Sie bildeten den lautstarken Hintergrund und versuchten alles niederzubrüllen, was nicht ihrer Meinung entsprach. Dies gelang nicht, denn die Moderatoren ließen alle Konfliktparteien zu Wort kommen. Dies waren Staatsekretär Frank Schmidt aus Dresden, Exrektor Bigl, der Erste Universitätsprediger Martin Petzoldt, ein Vertreter des StudentInnenrates, der Beigeordnete Engelbert Lütke Daldrup, Vertreter der evangelischen und katholischen Kirche, Martin Behet als einer der zweiten Preisträger des Architektenwettbewerbes und Martin Helmstedt, der zusammen mit Vorstandsmitglied Becker die Position des Paulinervereins zum originalgetreuen Wiederaufbau der Kirche vertrat, die in besonderem Maße auf Beifall, aber auch auf gegnerischen Protest stieß (MDR Figaro, Mitschnitt 2003).

Ein Interview mit Günter Blobel wurde eingespielt, der die Traditionen der Universitätskirche beschwor: „Es war ein Schnittpunkt europäischer Kultur, wie es kaum einen anderen in Deutschland gibt. [...] Ohne die Nichtanerkennung der Vergangenheit wird es auch keine Zukunft geben." Das wichtigste Ergebnis war der Vorschlag von Lütke Daldrup, einen Fortsetzungswettbewerb mit eingeladenen Teilnehmern auszuloben, um den von vielen Leipzigern abgelehnten „Gasherd" zu ersetzen

Die Protestkundgebung am 30. Januar 2003 vor dem Gewandhaus

und die Platzwand zum Augustusplatz neu zu gestalten. Er plädierte dafür, in den Ausschreibungsbedingungen sowohl eine moderne architektonische Lösung als auch den originalgetreuen Wiederaufbau zuzulassen. Insofern war die heiße und emotionale Diskussion dieses Nachmittages ein großer Schritt in die richtige Richtung, der leider an der Universität Leipzig nicht auf die nötige Resonanz stieß.

Der nächste Schritt war folgerichtig: Am 25. Februar 2003 hatten Wissenschaftsminister Matthias Rößler und der Staatssekretär im Finanzministerium Dr. Wolfgang Voß Vorstandsmitglieder des Paulinervereins eingeladen. In einem ausführlichen Gespräch in Dresden konnten wir unsere Vorstellungen für den Wiederaufbau der Universitätskirche St. Pauli darstellen. Wir waren verstanden worden und es gab fortan einen Gegenpol zur unserer Ansicht nach einseitigen Haltung der Universität.

1   Beck, 1994.
2   Vgl. Charta von Venedig: Arbeitsblatt 1 der Vereinigung der Landesdenkmalpfleger der Bundesrepublik Deutschland; aufgestellt 1964.
3   Protokoll Konzil 8. 11. 1999.
4   Jürgen Kochinke in LVZ, 31. 1. 2003.

Durch den Giebel ein Riss

Leipzigs neuralgisches Herz

ERICH LOEST (2001)

Die Glockenmänner über dem Augustusplatz portionieren nach neuerlicher Reinigung von Dreck und Rost wieder die Zeit. Unbelästigt schweift mein Auge über die Oper und vermisst die Uhr an der Hauptpost; das Hotel mit den Wechselnamen wird irgendwann ersetzt werden. Das Gewandhaus gilt mir als einziger Bau von Geltung in lähmenden vierzig Jahren DDR-weit. Nun aber zuckt mein Lid, allerlei platzfremde Kinkerlitzchen verstören den Blick auf Leipzigs schlimmstes Wundpflaster, den Dreckverband aus schief gerieften Platten und dem Marxrelief. Hier soll nun unsere neue Universität entstehen.

Dieses Areal ist vergleichbar der Mitte Berlins; in der Hauptstadt tobt die Debatte: Schlossneubau oder was? Dresdens Frauenkirche ist fast fertig. In „Der Zorn des Schafes" schrieb ich: „1968 stand den Stalinisten am Karl-Marx-Platz ein Gotteshaus im Weg, die Universitätskirche aus dem 12. Jahrhundert. Über Proteste kirchlicher Kreise ging die SED höhnisch hinweg. Zur Barbarei gesellte sich Zynismus: Niemand kann sich uns in den Weg stellen! Ich habe zugeschaut, als eine Sprengwolke aus Fundamenten herausfuhr, als der Dachreiter wegknickte und die Rosette barst. Ich habe meine Ohnmacht wie ein Dolch gespürt." Den Schutzumschlag dieses Buches zeichnete Günter Grass: Der berstende Kirchengiebel Sekundenbruchteile nach der Detonation.

Seit 1990 wird bei uns mit wechselnder Intensität über einen Wiederaufbau debattiert. Naturgetreu oder Zitat. Jahre wurden vertan, Jetzt bleibt keine Zeit mehr, ein Jubiläum steht vor der Tür. Druck dieser Art kann fruchtbar sein. [...]

Das möchten in Leipzig viele wissen: Welche bindenden Vorgaben bekamen Jury und Architekten? Denn die Spannweite ist gewaltig zwischen originaler Kopie und der Erinnerungstafel, die wir schon haben. Wie sehen die Vorgaben aus, Rektor Bigl?

Nobelpreisträger mahnen an, ein Schriftsteller wagt sich auf berufs-fremdes Terrain. [...]

Eine Jahrhundertaufgabe ist zu leisten, schon die zweitbeste Lösung wäre eine Katastrophe. Im Übrigen mögen die Stararchitekten schwel-gen nach Herzenslust.

Erich Loest und Christian Jonas 2008

Eine Stimme für die Universitätskirche

Die Stadtratssitzung vom 16. April 2003 zum Wiederaufbau
der Universitätskirche

CHRISTIAN JONAS

1968 haben Universität und Stadtverordnete der Sprengung der Universitätskirche zugestimmt. Ich sah bereits als gewählter SPD-Stadtverordneter 1990 und verstärkt nach meinem Eintritt 1994 in den Paulinerverein eine Möglichkeit, den am 23. Mai 1968 gefassten Beschluss zur Vernichtung der Universitätskirche durch eigenes verantwortungsvolles Handeln rückgängig zu machen, so wie ich es mir während der Sprengung 1968 geschworen hatte.

Als im Frühjahr 2001 von der Sächsischen Landesregierung beträchtliche Mittel für den Umbau der universitären Einrichtungen am Augustusplatz zugesagt und ein Architekturwettbewerb ins Leben gerufen wurde, war ich, wie viele Bürger unserer Stadt, voller Hoffnung, dass der Wiederaufbau der Universitätskirche und des Augusteums Realität werden könnte. Die Stadträte mitsamt dem Fachausschuss „Stadtentwicklung und Bau" waren von der Mitarbeit am Auslobungstext des ersten Architekturwettbewerbes im Jahr 2001 ausgeschlossen. So war es nicht verwunderlich, dass der Entwurf der Architekten Martin Behet und Roland Bondzio nach Auffassung des Paulinervereins mit seinem Vorsitzenden Günter Blobel einer umfassenden Qualifizierung bei Auslobung eines weiteren Architekturwettbewerbes bedurfte. Unverzichtbar war für den Paulinerverein die Wiedererrichtung der gotischen Hallenkirche. Weitere Hoffnung brachte der 2003 verkündete Beschluss der Landesregierung, den Wiederaufbau der Paulinerkirche zu unterstützen.

In der Ratsversammlung am 16. April 2003 war in dem Antragstext der Fraktionen von SPD und Bündnis 90/Die Grünen lediglich die Erinnerung an die Sprengung, nicht aber der Wiederaufbau der Universitätskirche enthalten. Die PDS tolerierte den Antrag der SPD und der Fraktion von Bündnis 90/Die Grünen und sprach sich somit gegen den Wiederaufbau der Universitätskirche aus.

Der Antrag der Stadträte Suarez (Neues Forum), Dr. Burgkhard (FDP) und Obser (DSU) hingegen beinhaltete die „Errichtung eines Aula und Kirche vereinenden Bauwerkes". Mit dem Wiederaufbau der Universitätskirche St. Pauli in Leipzig – und davon war ich überzeugt – sollte ein Symbol als Mahnung an ihre Sprengung, zugleich eine Gedenkstätte gegen jegliche Kulturbarbarei, aber auch ein Denkmal zur Erinnerung an das Aufbegehren gegen Unrecht während des Aufstandes vom 17. Juni 1953 und an die Friedliche Revolution 1989 geschaffen werden. In meinem Statement während der Ratsversammlung am 16. April 2003 erläuterte ich, dass durch den Antrag der SPD-Fraktion und dem Bündnis 90/Die Grünen ein Beschluss gefasst würde, der der traditionsreichen Leipziger Universitätskirche zum zweiten Mal das Existenzrecht abspräche. Offensichtlich sei beabsichtigt, den möglichen Wiederaufbau dieser Kirche, die jahrhundertelang zur Universität gehörte sowie das geistlich-geistige Leben in dieser Stadt mitbestimmt hat und aus politisch ideologischer Verblendung gesprengt worden war, nunmehr aus überholten Denkstrukturen zugunsten eines zweitklassigen Architekturentwurfes zu verhindern. Der Wiederaufbau müsse jedoch unter Einbindung einer nach außen erkennbaren, an die Sprengung erinnernden Paulinerkirche als geistliches Zentrum geschehen. CDU-Fraktion und Stadtrat Obser beantragten namentliche Abstimmung während der Stadtratssitzung zu den beiden Anträgen.

Mein Votum für den Antrag der drei Stadträte aus Überzeugung – wie in meinem Statement vor der Ratsversammlung dargelegt – habe ich auch mit meiner fast zehnjährigen Mitgliedschaft im Paulinerverein und dessen Satzungsziel begründet. Während der Abstimmung und bei meinem Verhalten als gewählter SPD-Stadtrat dachte ich mehrmals an die Stadtverordnetenversammlung zum Beschluss der Sprengung vom 23. Mai 1968, aber auch an meinen Schwur während des Grollens der Sprengung und als die letzten Staubwolken am 30. Mai 1968 verschwanden.

Entwürfe und Meinungen

Kecksel, Franzssen / Aachen, Leipzig

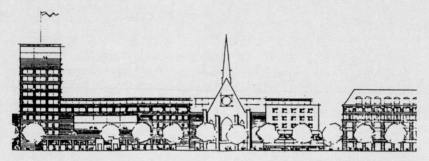

Burgstaller, Kluska / München

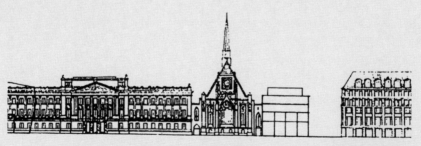

Kälberer / München

Ausgewählte Entwürfe, die die Paulinerkirche berücksichtigen

Drei Wettbewerbe

MARTIN HELMSTEDT

D er Stadtrat für Stadtentwicklung und Raumplanung Niels Gormsen lobte schon am 2. Januar 1994 einen städtebaulichen Ideenwettbewerb mit dem Ziel aus, Ideen für die künftige Gestaltung des Augustusplatzes und die Umgestaltung und Erweiterung des Universitätskomplexes nach dem beabsichtigten Bau der Tiefgarage zu erlangen. Der Paulinerverein stellte mit 40 000 Mark einen erheblichen Anteil der Preisgelder in Höhe von 250 000 Mark und vier der Preisrichter, die aktiv an der Arbeit des Gremiums teilnahmen und die Interessen derjenigen Leipziger Bürger vertraten, die seit Herbst 1989 den Wiederaufbau der Paulinerkirche und des Augusteums forderten. Gormsen regte schon hier eine zweite Stufe, einen Realisierungswettbewerb an, der zur Konkretisierung führen sollte.

Die Beteiligung an diesem offenen Wettbewerb übertraf alle Erwartungen: Bis Mai 1994 trafen 116 Wettbewerbsarbeiten ein, davon 15 von Leipziger Architekturbüros. Fünf Preise wurden vergeben und fünf weitere Entwürfe angekauft, die ein breites Spektrum an Vorschlägen ermöglichten, um den Platz zu gliedern und zu gestalten. Einige Arbeiten zum Wiederaufbau erfüllten offenbar nicht die vielfältigen Forderungen und wurden von den Juroren schon in der Vorphase ausgesondert, so die von Kecksel und Franzssen und von Kälberer. Der Entwurf von Burgstaller und Kluska aus München erhielt den 5. Preis.

Doch nichts davon ist geblieben. Erst im Jahr 2001 beschloss die sächsische Landesregierung, einen Realisierungswettbewerb zum Neubau bzw. Umbau des Universitätskomplexes auszuloben. Einzelheiten der Ausschreibung wurden geheim gehalten. Allen Interessierten wurde nun endgültig klar, dass sowohl die Landesregierung unter Ministerpräsident Biedenkopf als auch die Universitätsleitung die Bürger Leipzigs von der Diskussion ausschließen wollte. Dass das in der Stadt der

Friedlichen Revolution nicht gut gehen konnte, hätten Biedenkopf und Bigl wissen können.

Ich verfasste zusammen mit Manfred Wurlitzer im Juli 2001 einen „Aufruf an die Freunde der Paulinerkirche" mit dem Ziel, den Wiederaufbau als Option in den Auslobungstext des Wettbewerbes aufzunehmen. Dieser Aufruf wurde bis 2002 von insgesamt weit über 300 Personen, darunter zahlreichen Prominenten, in Deutschland und im Ausland, aber auch von Stadträten und Landtagsabgeordneten unterstützt und unterschrieben. Die Erstunterzeichner waren: Prof. Dr. Günter Blobel, New York, Gisela Brettschneider, Jens Bulisch, Dr. Michael und Christine Burghardt, Leipzig, Christine Clauß, MdL, Dr. Günter Fritzsch, Prof. Dr. Thomas Görnitz, Prof. Ludwig Güttler, Prof. Dr. Christoph Michael Haufe, PD Dr. Martin Helmstedt, D. Horst Hirschler, Dr. Dietrich Koch, Dr. Eckhard Koch, Stefan Krämer, Jörg Kühne, Christian Mai, Prof. Wolfgang Mattheuer, Ursula Mattheuer-Neustädt, Clemens Meinhardt, Karl-Heinz Obser, Wolf-Dietrich Rost, Dr. Fredo Rotermundt, Volker Schimpf, MdL, Detlef Schneider, Dr. Roland Schöne, Werner Schulz, MdB, Prof. Dr. Christian Tauchnitz, Prof. Dr. Carl Friedrich von Weizsäcker, Dr. Dr. Stefan Welzk, Dr. Manfred Wurlitzer.

Die Reaktion der Universität war ablehnend: Rektor Bigl zweifelte die Echtheit der Unterschrift von Carl Friedrich von Weizsäcker an.[1] Ein Eingehen der Universitätsleitung auf andere Argumente war unter diesen Umständen nicht zu erwarten. Durch die sofortige Veröffentlichung des Aufrufes in der Leipziger Volkszeitung kam die öffentliche Diskussion in Gang, was von den meisten Bürgern begrüßt wurde. Eine Umfrage in der genannten Zeitung ergab, dass 66% der Befragten für den Wiederaufbau waren, MDR-online ermittelte adäquate 64%. CDU und Junge Union unterstützten den Wiederaufbau durch eine öffentliche Unterschriftensammlung.

Unter dem Titel „Die Pauliner-Aula: ein Kunstwerk von überragendem Rang" zitierte Rektor Bigl in der Leipziger Volkszeitung vom 12./13. Januar 2002 aus dem Ausschreibungstext: „Die neue Pauliner-Aula soll das Andenken an die Kirche bewahren und wie die Vorgängerin in ihrer Architektur ein Kunstwerk überragenden Ranges werden, das Markenzeichen der neuen Universität." [...] Dann folgt sein Kommentar: „Ich möchte noch einmal unterstreichen, dass sich die Univer-

Der Entwurf von Behet und Bondzio 2001

sität jeder Lösung in den Weg stellt, die diesem Auftrag nicht gerecht wird. " Als dann der Entwurf von Behet und Bondzio gekürt wurde, auf den dieses Kriterium beim besten Willen nicht zutraf, war es jedoch nicht der Rektor oder die Universität, die sich der Realisierung in den Weg stellte, sondern der Paulinerverein.

In diesem zweiten Wettbewerb wurde kein erster Preis vergeben. Die Münsteraner Architekten Behet und Bondzio erhielten einen zweiten Preis. Im Kontext zu den ungeliebten „Milchtöpfen", den verglasten Eingängen zur Tiefgarage, war der Leipziger Mutterwitz sofort mit „Gasherd" zur Stelle als Bezeichnung für dieses Gebäude, das eigentlich die Erinnerung an die Paulinerkirche wach halten sollte.

Nobelpreisträger Günter Blobel initiierte im Dezember 2001 einen Aufruf, in dem insgesamt 27 Nobel-Laureaten den Wiederaufbau der Universitätskirche St. Pauli forderten. Diese waren Günter Blobel, New York, Heinrich Rohrer, Rüschlikon, Alexander K. Müller, Rüschlikon, Manfred Eigen, Göttingen, Christiane Nüsslein-Volhard, Tübingen, Robert Huber, München, Rudolf Mössbauer, München, Erwin Neher, Göttingen, Hartmut Michel, Frankfurt a. M., Bert Sakmann, Heidelberg, Johann Deisendorfer, Dallas, J. Georg Bednorz, Rüschlikon, Paul Greengard, New York, Alan G. MacDiarmid, Philadelphia, Erwin G. Krebs, Seattle, John F. Nash jr., Princeton, Joseph H. Taylor jr., Princeton, Baruch S. Blumberg, Philadelphia, Edmund Fischer, Seattle, Marshall Nirenberg, Bethesda, Harald Varmus, New

York, James D. Watson, Cold Spring Harbor, Kary B. Mullis, La Jolla, Baruj Benacerraf, Boston und Walter Gilbert, Boston. Auch diese für die Universität Leipzig höchst ehrenhafte Wortmeldung blieb unbeantwortet. Ähnlich verhielt es sich mit dem Aufruf der Mitglieder des studentischen Widerstandes 1945 bis 1955, die auch im Namen ihrer nicht mehr lebenden Kommilitonen den Wiederaufbau forderten.

> *„Wir begrüßen sehr die Worte des Grandseigneurs der polnischen Denkmalspflege Tomaszewski:*
> *Zum Wesen des Denkmals gehören nicht nur architektonische Qualitäten und materielle Werte, sondern auch geistige und immaterielle Werte. Wenn wir sie nicht aus den Trümmern retten, behalten die das letzte Wort, die sie bewusst vernichten wollten.*
> *Wir halten unsere Forderung nach dem Wiederaufbau der Paulinerkirche für eine Verpflichtung gegenüber der Geschichte und unserer Kultur in einer freiheitlich-demokratischen Ordnung, für die wir gekämpft haben, zu hohen Haftstrafen verurteilt und inhaftiert wurden – einige von uns leider auch sterben mussten."* [2]

Einem Ergänzungswettbewerb („Qualifizierungsverfahren") mit eingeladenen Teilnehmern für die historischen Standorte der Universitätskirche und des Augusteums lag folgende Aufgabenstellung zugrunde:

> *„Wesentlicher Aspekt ist, dass mit der Aula der Universität tatsächlich auch ein Raum entsteht, der als Kirchenraum angemessen erscheint und gleichberechtigt dafür genutzt werden kann. Das Gebäude soll am Standort der gesprengten Universitätskirche entstehen und in ihren gestalterischen Qualitäten [...] diese ersetzen bzw. an diese erinnern. Seine baukünstlerische Ausformung stellt den wesentlichen Inhalt der Aufgabenstellung des Verfahrens dar. [...] Die innere Gliederung des Raumes soll die gleichberechtigte Nutzung als Aula und Kirche unterstützen."* [3] (21. August 2003)

Der Entwurf des Holländers Erick van Egeraat erhielt im Frühjahr 2004 den ersten Preis. Dieser fand Zustimmung, weil er sichtbar die äußere und innere Struktur der Paulinerkirche aufnimmt. Die Ergebnisse

> ### Mitglieder des studentischen Widerstandes an der Universität Leipzig zwischen 1945 und 1955
>
> Herbert Belter: hingerichtet 1951 in Moskau
> Peter Eberle: 1950–1953 Zwangsarbeit in Workuta
> Heinz Eisfel: hingerichtet 1952 in Moskau
> Rolf Grünberger: 1950–1953 Zwangsarbeit in Workuta
> Werner Ihmels: verstorben 1949 in der Haft in Bautzen
> Werner Jahn: 1953–1957 Haft in Waldheim
> Siegfried Jenkner: 1950–1955 Zwangsarbeit in Workuta
> Horst Krüger: 1947–1959 Haft in Bautzen
> Wolfgang Natonek: 1948–1956 Haft in Bautzen
> Siegfried Petz: 1952–1957 Haft in Hohenschönhausen und Waldheim
> Gerhard Rybka: hingerichtet 1951 in Moskau
> Axel Schroeder: hingerichtet 1951 in Moskau
> Wolfgang Weinoldt: 1947–1954 Haft in Bautzen, Sachsenhausen, Untermaßfeld und Brandenburg

dieses Wettbewerbes waren im Foyer des Gewandhauses ausgestellt und von der Stadt offiziell im Amtsblatt verkündet worden.

In der Dokumentation des Entwurfes wird der Eindruck vermittelt, als ob die gotische Paulinerkirche wieder aufleben soll.

„Der Kompromiss ist gelungen: 2009 wird ein modernes, komplexes Gebäude in expressionistischer Formensprache am Augustusplatz stehen. Im Inneren aber entsteht die gotische Paulinerkirche wieder in Anlehnung an ihr Original mit Pfeilern und Kreuzrippengewölbe.“ [4]

Günter Blobel kommentierte gegenüber der LVZ: „Ich bin begeistert, mit einem solchen Ergebnis hatte ich nie und nimmer gerechnet. Unser Kampf hat sich gelohnt. Ohne dieses Engagement und das der breiten Leipziger Öffentlichkeit wäre der Erfolg nicht möglich gewesen.“ [5]

LEIPZIGER

3. April 2004   VERTRIEBS-HOTLINE 0800/6710170 KOSTENLOS   Nummer 7   14. Jahrgang

Amts-Blatt

Das Universitätsgelände im Jahre 2009:
Wettbewerb um Campus entschied Erick van Egeraat für sich

MODERN, aber mit deutlichem Anklang an die 1968 gesprengte Paulinerkirche soll sich die Front der Universität zum Augustusplatz künftig präsentieren. Der Entwurf des niederländischen Architekten Erick van Egeraat (Rotterdam), der sich in der zweiten und abschließenden Runde des Qualifizierungsverfahrens für das Bauvorhaben „Aula/Kirche" gegen drei weitere Mitbewerber durchsetzte, nimmt klar Bezug auf die Fassade der alten Kirche, ohne sie zu imitieren.

Eine Entscheidung über die Architektur dieses Bauwerks ist eine Voraussetzung dafür, dass der Uni-Campus bis zum 600. Jubiläum der Alma mater lipsiensis im Jahre 2009 wie vorgesehen umgestaltet werden kann. Mit diesem ehrgeizigen Zeitplan hat Leipzig die Chance, eines der bedeutendsten innerstädtischen Areale stadtästhetisch wie funktional aufzuwerten. Deshalb sprach Oberbürgermeister Wolfgang Tiefensee, der Mitglied der Jury war, nach der Entscheidung für van Egeraat von einem historischen Tag für die Universität und die Stadt. „Alle Anforderungen sind gedeckt: die Funktionalität für eine Universität, die städtebauliche Integration, eine öffentlich zugängliche geistig-geistliche Mitte in der Stadt, ein angemessenes Erinnern an die barbarische Sprengung der Universitätskirche." Zufriedenheit auch bei der Universität und dem Freistaat: Rektor Prof. Dr. Franz Häuser lobte die expressive Architektur des Entwurfs, und der Staatsminister für Wissenschaft und Kunst, Dr. Matthias

Rößler, nannte die Juryentscheidung einen großen Sprung nach vorn. Man werde den Siegerentwurf möglichst noch in diesem Jahr zur Projektreife bringen.

Mit dem Votum der Jury fand ein mehrstufiges Verfahren seinen Abschluss, das 2001 mit einem Wettbewerb zur Neu- und Umgestaltung des Campus begonnen hatte. Hier ging als Sieger das Büro Behet Bondzio Lin (Münster) hervor. Im Verlauf dieses Verfahrens war es zwischen Universität und Stadt auf

der einen und Freistaat und Paulinerverein auf der anderen Seite zu Meinungsverschiedenheiten gekommen, die nunmehr durch das Ergebnis des Qualifizierungsverfahrens ausgeräumt werden konnten. In der Wertung der Jury des nun abgeschlossenen Verfahrens folgen auf den siegreichen Entwurf Erick van Egeraats die Arbeiten der Architekten Prof. Peter Kulka (Dresden/Köln), Behet Bondzio Lin (Münster) und HG Merz (Berlin/Stuttgart). ■

Der Kompromiss ist gelungen: 2009 wird ein modernes, komplexes Gebäude in expressionistischer Formensprache am Augustusplatz stehen. Im Inneren aber entsteht die gotische Pauliner- kirche wieder in Anlehnung an ihr Original mit Pfeilern und Kreuzrippengewölbe.
Animation: Architekturbüro Erick van Egeraat

Ausstellung

Wettbewerbsentwürfe bis 30. April im Gewandhausfoyer präsentiert

DIE Öffentlichkeit kann sich bis zum 30. April im Foyer des Gewandhauses ein Bild von den Entwürfen der zehn Architekturbüros machen, die am zweistufigen Qualifizierungsverfahren teilgenommen hatten. Die Ausstellung ist montags bis freitags 9 bis 18 Uhr und sonnabends und sonntags 9 bis 15 Uhr geöffnet. Führungen finden montags bis freitags 16.30 bis 18 Uhr statt. ■

Bild des Kircheninneren. Entwurf Erick van Egeraat, 2004

Links: Das Versprechen. Entwurf Erick van Egeraat

Van Egeraat stellt im Foyer des Gewandhauses seinen Entwurf vor; anwesend u. a.
Staatssekretär Voß, Oberbürgermeister Tiefensee, Rektor Häuser

Van Egeraats geniale Architektur halte die Erinnerung wach und sei zukunftweisend. Leipzig könne sich mit diesem „großartigen, Zeichen setzenden Bau" glücklich schätzen. „Man muss sich doch immer wieder vergegenwärtigen, dass wir aus einer hoffnungslosen Position gegen eine breite Front der Verweigerer angetreten sind."

Als ich nach der Vorstellung im Gewandhausfoyer den Raum verließ, gingen hinter mir Rektor Häuser und ein Student, der den Rektor fragte, ob dies nun die endgültige Lösung sei. Die Ereignisse der folgenden Jahre vorwegnehmend antwortete Häuser, dass bestimmt noch vieles geändert werden würde.

1 LVZ vom 13. 7. 2001.
2 LVZ vom 9. 4. 2002.
3 Ausschreibung vom 21. 8. 2003.
4 Leipziger Amtsblatt 3. 4. 2004.
5 LVZ vom 27./28. 3. 2004.

Damit sich solche Schande nicht wiederhole

CHRISTOPH MICHAEL HAUFE (2003)[1]

Die Leipziger sind zäh und stark im Gedenken an Wohl und Wehe, die ihrer Stadt geschahen, besonders dort, wo das Wehe mit Schande verbunden ist, die sie selber verübten und nicht verhinderten oder zur gegebenen Zeit nicht verhindern konnten. Sobald sie frei geworden waren von den Zwängen zweier aufeinanderfolgender Diktaturen, begannen sie, diese Ereignisse sinnen- und augenfällig zu machen, sie aus der Verdrängung zu holen und so zur politischen Gesundung der Stadt fruchtbar werden zu lassen. [...] Aus der Zeit der zweiten Diktatur ist in Leipzig immer das schreckliche Erlebnis der mutwilligen Sprengung der Universitätskirche St. Pauli in Erinnerung geblieben.

Viele waren auf spezielle Weise betroffen: die Nutzer der Kirche, evangelische und katholische Christen, Kunsthistoriker, Architekten, Denkmalspfleger. Was aber allen gleicherweise unter die Haut ging, war die rohe Vergewaltigung des demokratischen Willens und Empfindens des großen Teiles der Leipziger. „Der Sieger der Geschichte, die machtausübende Arbeiterklasse, gestaltet den größten Platz der Stadt Leipzig", war die Parole der SED. Gegen alles Argumentieren, Bitten und Fordern musste „das Ding da weg!".

Fortan wusste man in Leipzig: wenn die das fertig gebracht hatten, dann war denen alles zuzutrauen! Und als besonders schändlich empfunden wurde, dass es ein gebürtiger Leipziger war, der das alles in Szene setzte. Einer von uns! Der vorauseilende Gehorsam des Senates der Universität und der Stadtverordnetenversammlung in ihrer freudigen Zustimmung zu dem Frevel ergänzten diese Schande nur noch. Es ist denen, die in diesen Tagen öffentlich hör- und sichtbaren Protest gewagt haben, gar nicht hoch genug anzurechnen, was sie damit taten. Nicht nur, dass sie mit der Drangabe von Beruf, Heimat und Gut auf der Flucht oder mit jahrelanger quälender Haft dafür bezahlten. Sie haben mit der bereits drei Wochen nach der Sprengung öffentlich gewordenen Parole „Wir fordern Wiederaufbau" den Grundstein gelegt für das Memorial dieses bitteren Erlebens in der Zukunft. Wohl schien das Gedächtnis zwei Jahrzehnte zu ruhen. In der DDR „ging es seinen Gang". Aber sollte es wirklich nur ein Zufall sein, dass von Beginn der großen, in die friedliche Befreiung mündenden Demonstrationen um den Leipziger Ring man sich auf dem damaligen Karl-Marx-Platz zu sammeln begann, eben an der Stelle, wo die Kirche gestanden hatte, bis man zahl- und zahlreicher wurde und sich über den Georgiring in Bewegung setzte? 1968/1989 war ein beliebtes Vexierbild, das die Lösung vom Regime vom Anfang bis zum glücklichen Ende veranschaulichte. Kein Wunder, dass nach der errungenen Freiheit der Wunsch nach Wiederaufbau laut wurde. [...] Alle waren und sind sich bis heute einig über das Schändliche der Tat. Indessen: an der Umsetzung des Gedenkens auf eine sinnen- und augenfällige Weise mangelte es an der nötigen Baufreiheit. Der Platz war bebaut.

Wohl wusste man um die Belanglosigkeit dieser entsorgungsreifen Bauwerke. Aber man brauchte sie noch. So kam es nur zu einer Erinnerungstafel und zu jenem stählernen Dreieck, das die Erinnerung wach hält, ohne sie umsetzen zu können in Zukunft. Bis das Datum des 600. Jahrestages der Gründung der Universität für 2009 in das Bewusstsein trat und sich im Freistaat Sachsen, der Universität und der Stadt Leipzig zu dem Willen verdichtete, den fälligen Neubau der Universität zwischen Augustusplatz und Universitätsstraße als Campus bis zum Jubiläum vorzunehmen. Und nun geschah, was man nur einen Unfall nennen kann. In der Freude oder in der Eile über die sich gebende Gelegenheit versäumten die drei genannten nächstbeteiligten Entscheidungsträger, die Öffentlichkeit angemessen in ihre Erwägungen einzubeziehen. Die, als sie merkte, dass Planungen liefen, meldete sich zu Wort.

Der Paulinerverein erinnerte an sein Ziel der Wiedergewinnung der Kirche. Eine Initiative von 300 Freunden der Universitätskirche sammelte sich in kürzester Zeit aus ganz Deutschland und darüber hinaus. Namhafte Wissenschaftler aus der ganzen Welt beglückwünschten die Leipziger zu der großen Chance, mit einem in den Campus zu integrierenden Erinnerungsbau der Kirche der Schande von 1968 Genüge tun zu können und die Verwundung vernarben zu lassen. Auf die Fassung des Textes für die Auslobung des Neubaues der Universität in dem anstehenden Architektenwettbewerb wurde der weiteren Öffentlichkeit aber kein Einfluss gewährt.

Das erwies sich ganz offensichtlich als ein Mangel. Denn es stellte sich nach Bekanntwerden des Auslobungstextes bei der Eröffnung des Wettbewerbes heraus, dass die damalige Landesregierung, die Universität und die Stadt Leipzig kein Interesse zeigten, dem Gedächtnis von 1968 mit einer architektonischen Wiedergewinnung der Universitätskirche zu dienen. An eine Kirche war überhaupt nicht gedacht, sondern an eine Aula mit beigeschlossenem Andachtsraum.

Die eingesandten Entwürfe entsprachen dem und ließen, mit einer Ausnahme, die frühere Universitätskirche nicht wiedererkennen. Die Enttäuschung der Freunde der Paulinerkirche war entsprechend groß. Hinzu kam, dass keiner der Entwürfe des 1. Preises für wert erachtet werden konnte. Der 2. Preis wurde nun als der beste Entwurf favorisiert, stieß aber in der Öffentlichkeit auf herbe Kritik. Der Mutterwitz der Leipziger sagte zu dem „Mauercafé" auf dem Augustusplatz mit seinen „Milchtöpfen" komme nun „der Gasherd".

Die Fronten verhärteten sich, die Hörbereitschaft nahm ab. Politiker der Landesregierung waren als erste bereit, ihre Position und das bisher geübte Verfahren zu hinterfragen. Sie erkannten einen Nachholbedarf an öffentlicher Diskussion um den sinnen- und augenfälligen Gehalt an Erinnerung bezüglich der Geschichte der Universität und besonders ihrer Verwüstung im Jahre 1968. Es ehrt sie, dass sie, wenn auch spät, zu dieser politischen Erkenntnis gelangten und ihr entsprachen. Seitens der Universitätsleitung wurde dies aber als Vertragsbruch und unerlaubte Einmischung in die Autonomie der Universität gewertet. Der Rektor und seine Prorektoren traten zurück. [...]

Die Landesregierung lässt unterdessen eine neue Aufgabenstellung für die Architekten erarbeiten. Es ist zu wünschen, dass die erarbeitete Aufgabenstellung, in die Elemente der nachgeholten Diskussion hoffentlich eingearbeitet sein werden, der weiteren Öffentlichkeit vorgestellt werden, bevor die endgültige Entscheidung fällt. Denn wir Leipziger möchten uns mit diesem Memorial ebenso identifizieren können wie mit den eingangs genannten Vergegenwärtigungen unserer Geschichte. Damit sich solche Schande nicht wiederhole!

1   PT-Magazin, 23. 8. 2006.

Der Entwurf Erick van Egeraats

Architektur der Erinnerung und Zukunft

Ulrich Stötzner

Der Architekt Erick van Egeraat versucht in seinem Entwurf, eine Verschmelzung von Alt und Neu unter Berücksichtigung von Sinn- und Funktionszusammenhängen vorzunehmen. Im Bereich der ehemaligen Kirche St. Pauli entwirft er ein neues Zentrum der universitären Nutzung. Die neu gestaltete Pauliner-Aula-Kirche wird durch Bodenstufen und Lichtschlitze in drei Bereiche gegliedert. So soll wieder ein Ort für akademische Veranstaltungen, Gottesdienste, Konzerte und Ausstellungen geschaffen werden.

„Der Fassadenentwurf gilt als neu gestaltetes Erinnerungsbild. Die Universität erhält wieder eine Adresse zum Augustusplatz und zeigt die ihr zukommende Präsenz in der Stadt. Die neu geschaffenen Baukörper folgen der Fassadenlinie des ehemaligen Universitätskomplexes. [...] Auch in der Silhouette wird der Dachverlauf des ehemaligen Ensembles nachgezeichnet, dessen Höhepunkt der Kirchengiebel darstellt. Dieser erinnert in seiner Ausformulierung sowohl an die kulturhistorische Bedeutung der ehemaligen Kirche St. Pauli, als auch an die Sprengung. Somit erhält die Kirche als identitätsstiftender Ort ihre ikonographische Bedeutung zurück und wird wieder zum Herzstück der Universität.“ [1]

Der Architekt wollte ein Ensemble schaffen, das keines der vergangenen Ereignisse negiert, sondern diese im Gegenteil zu einem spannungsvollen Ganzen verbindet. Der Innenraum der Pauliner-Aula-Kirche soll deutlich auf den der alten Universitätskirche verweisen, ist aber in Form und Material eine Interpretation. Die ursprüngliche Atmosphäre wird mit einer angepassten Gewölbestruktur wiederhergestellt. Hierbei dient das historische Gewölbe als Matrix für den Entwurf eines neuen Raumgefüges. Später äußerte sich der Architekt wie folgt zu seinem Entwurf:

Van Egeraat: „Meine Paulinerkirche wird besser als das Original"
BILD: Ihre Arbeit muss sich also vor der 1968 gesprengten Paulinerkirche nicht verstecken?
Van Egeraat: „Im Gegenteil: Das ist eine verbesserte Version mit überwältigendem Effekt. Die Raumerfahrung wird transzendental sein. Dagegen wirkte die Paulinerkirche eher fast rustikal." [2]

Van Egeraat: „Ich bin heute mehr als je zuvor davon überzeugt, dass die Leipziger erkennen werden, dass dieser Bau sehr viel mit der Paulinerkirche zu tun hat. Und selbst das strengste Paulinervereins-Mitglied wird den Bau nicht mit trockenen Augen zur Kenntnis nehmen. Auch die Pyramiden in Ägypten waren einst extrem teuer, auch sie brauchten ihre Zeit. Am Ende wird man eine wunderschöne Kirche erleben – und der, der eine Aula haben will, bekommt auch die." [3]

1   Vgl. van Egeraat, 2004.
2   BILD Leipzig vom 15. 3. 2011.
3   LVZ vom 12. 7. 2011.

Kirche oder Mehrzweckhalle?

Ulrich Stötzner

Mit der Entscheidung vom 24. März 2004 für den Egeraat-Entwurf war zwar dem ursprünglichen Fernziel des Paulinervereins, der „Wiedererrichtung der beiden geschichtsträchtigen Gebäude Universitätskirche und Augusteum", nicht direkt entsprochen worden. Dennoch bot der Entwurf die Möglichkeit, die Ziele der Bürgerinitiative weiterzuverfolgen, zumal dieser noch gestaltbar war, allerdings unter der Voraussetzung, dass so gebaut werden würde wie am 25. März der Öffentlichkeit präsentiert. Dabei ging es uns insbesondere um die Rekonstruktion des Innenraums und die Restaurierung originaler Substanz, wie z. B. von Teilen des Vorgängerbauwerks und der geborgenen Kunstschätze sowie die mögliche Bergung von originalem Material.

Die Staatsregierung machte deutlich, dass eine weiterführende Unterstützung für Positionen der Bürgerinitiative nicht möglich sei. Aufgrund dieser Entscheidung verließen einige wenige Mitglieder den Verein, weil die Universitätskirche nicht wieder original aufgebaut wird.

Anlässlich des 37. Jahrestages der Sprengung war auf Anregung des Vorstands und mit Unterstützung des Thomaskantors die Motette in der Thomaskirche am 28. Mai dem Gedenken an die Universitätskirche gewidmet, wobei unser Ehrenmitglied Ernst-Heinz Amberg die Predigt hielt. Zur Stunde der Sprengung am 30. Mai um 10 Uhr erinnerten wir mit einer kurzen Feier auf dem Augustusplatz an die Geschehnisse vor 37 Jahren, wobei uns wiederum die Thomaner unterstützten. Erwähnenswert ist, dass bei dieser Gelegenheit des Erinnerns keine offiziellen Vertreter der Universität und der Stadt, obwohl eingeladen, zugegen waren. Der Paulinerverein hatte jedes Jahr am 30. Mai an die

Folgende Doppelseite: Vorschlag zur Einteilung Aula/Kirche. Vergleich der Optionen 2005 zum historischen Grundriss, Entwurf Erick van Egeraat (S. 108). Innenraum mit gekappten „Säulen" und Sonnenlichteinfall von Norden. Entwurf Erick van Egeraat 2007 (S. 109).

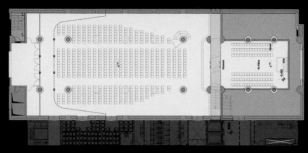

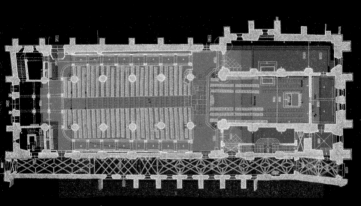

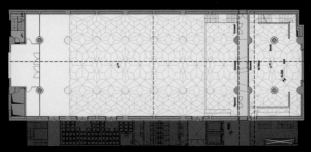

Sprengung erinnert, wobei inzwischen ein stetig wachsendes öffentliches Interesse zu beobachten war.

Im Verlauf des Jahres 2005 wurde deutlich, dass das Nutzungskonzept der Universität einschneidende Veränderungen im Innern der Universitätskirche zur Folge haben würde. Auf Forderung der Universitätsleitung wurden zunächst alle Pfeiler im Schiff gekappt und der Ostchor („Andachtsraum") auf zwei Joche beschränkt, wogegen wir Einspruch erhoben. Daraufhin gab es Hinweise aus dem Finanzministerium, dass man die Überlegungen des Paulinervereins verstehe und darauf eingehen werde. Schließlich wurde der Chorraum auf drei Joche festgelegt, und drei Pfeilerpaare im Langhaus wurden weggelassen.

Am 15. Juli 2005 wurde der Grundstein für den gesamten Campus in der Baugrube der Mensa gelegt. Der Oberbürgermeister sprach nicht mehr, wie früher einmal, von einem Kompromiss, sondern von einem großen Wurf. Das Wort „Universitätskirche" fiel nur einmal im Zusammenhang mit einer Erwähnung der Sprengung. Den künftigen Bau betreffend sprach man nur von einer „Aula".

Der Paulinerverein sammelte vor der entscheidenden Sitzung der Baukommission über 3000 Unterschriften gegen die geplanten Veränderungen. Im Zusammenhang mit dieser Unterschriftenaktion hat es sehr viele zustimmende und ermutigende Zuschriften gegeben. Am 26. November 2005 wurden Ministerpräsident Georg Milbradt die Unterschriftenlisten übergeben.

Am 31. Januar 2006 tagte die Baukommission unter Leitung des Staatssekretärs Dr. Voß im Finanzministerium und beschloss folgende Festlegungen bzw. Veränderungen im Vergleich zum Innenraum der gesprengten Kirche und gegenüber dem ursprünglichen Entwurf Erick van Egeraats:

- Verkürzung des Gesamtraumes um ein Joch, dadurch ein verkleinerter Chorraum,
- weniger Platz für die erhaltenen Kunstwerke,
- keine Chorschranken, damit fehlen Wände für die Hängung der Epitaphien,
- Einbau einer teilweise flexiblen Glaswand zwischen Ostchor und Schiff,

• der Gesamtraum ist nutzbar (Schiff „zuschaltbar"), auch eine separate funktionale Nutzung als Aula ist möglich,
• auf drei Säulenpaare im Langhaus wird verzichtet, wegen Forderung nach Sichtfreiheit, anstelle dessen herabhängende Säulen (Zitat Prof. Blobel: „Firlefanz"),
• alle Säulen mit Glas ummantelt und leuchtend (Erick van Egeraat: „Gotik ist Licht"),
• Deckenjoche und Netzgewölbe werden in historischer Form ausgeführt,
• im hinteren Teil Einbau einer Chorempore, Wegfall der Seitenemporen einschließlich der Professorenempore,
• unter der Kirche, am Ort der geschleiften Gräber, entsteht ein Fahrradkeller,
• der 1968 noch erhaltene nördliche Kreuzgang wird nicht wieder aufgebaut.

Es gab zunächst noch keine Festlegungen zu Kanzel und Altar. Auf den Zeichnungen war ein Epitaph als Altar (!) zu sehen. Die Kanzel war am verbliebenen nordöstlichen Pfeiler im Schiff eingezeichnet. Der Baubeschluss beinhalte Definitionsmerkmale, innerhalb derer noch Gestaltungsspielraum in Absprache mit der Universität sei. Eine multifunktionale Nutzung solle heißen: Sprachnutzung, Musik, Kunst, auch Gottesdienst („kleine und große Andacht"). Unter Hinweis auf mögliche Probleme für die Akustik hieß es: „Der Universitätsmusikdirektor muss mit dem Kompromiss leben." Auch gab es Funktionszeichnungen für Events aller Art, Bankette, Modenschauen etc. Sollte es wirklich dazu kommen, wäre dies ein Affront gegenüber der Würde des Ortes der geschändeten bzw. noch vorhandenen Grabstätten und eine Ohrfeige für alle, die wegen der Universitätskirche Monate und Jahre im Gefängnis gesessen haben.

Der Paulinerverein war um Schadensbegrenzung bemüht. Im Verlauf der folgenden Monate und Jahre hat der Vorstand in diesem Sinne neben dem Gespräch mit Ministerpräsident Milbradt zahlreiche Gespräche mit Verantwortungsträgern und weiteren Persönlichkeiten geführt, so mit Altbundeskanzler Helmut Kohl, Bundestagspräsident Wolfgang Thierse, Staatsminister Dr. Thomas de Maizière, Staatssekretär Dr. Wolfgang Voß und Mitarbeitern im Finanzministerium, dem

Regierungspräsidenten Walter Christian Steinbach, mit dem Bischof der sächsischen Landeskirche Jochen Bohl, den Dekanen der Theologischen Fakultät, den Studentenpfarrern der evangelischen Studentengemeinde, mit dem Rektor, dem Kanzler und dem Kustos der Universität, dem Dekan der juristischen Fakultät, mit dem Oberbürgermeister der Stadt Leipzig, Wolfgang Tiefensee und dem Planungsdezernenten Engelbert Lütke Daldrup, mit Vertretern des Staatsbetriebes Sächsisches Immobilien- und Baumanagement (SIB) in Leipzig, dem Intendanten des MDR, Prof. Udo Reiter und Mitarbeitern, der Landesarchäologin Dr. Judith Oexle, der Leiterin des Umweltamtes Leipzig, Freifrau von Fritzsch, mit Vertretern der Industrie, mit Bundestags- und Landtagsabgeordneten sowie mit dem Architekten Erick van Egeraat. Mit vier Ausnahmen, das waren der Rektor und der Kustos sowie der Oberbürgermeister und der Planungsdezernent, sind die Bedenken der Bürgerinitiative akzeptiert und verstanden worden. Engelbert Lütke Daldrup sagte: „In Deutschland wird jede Woche eine Kirche entwidmet. Da bauen wir doch keine neue."[1] Der Altbundeskanzler erkannte messerscharf das Problem: „Dies ist doch ein Symbolbau."[2]

2006 weilte Königin Silvia von Schweden zur Eröffnung einer Ausstellung mit Zeichnungen der Königin Christiane im Bildermuseum in Leipzig. Bei ihrer Ansprache nahm sie Bezug auf ihren Onkel, Professor Ernst Sommerlath, und seinen persönlichen Einsatz für den Erhalt der Universitätskirche.

Unser Weihnachtsbrief 2006 an die Mitglieder und die Freunde der Universitätskirche mit dem Hinweis, an den Ministerpräsidenten, den Oberbürgermeister und den Rektor zu schreiben, hatte eine große Resonanz. Es sollen nach Weihnachten jede Woche 100 Briefe in Dresden eingegangen sein. Wir kannten die Antworten. Vom Bauherrn wurde gesagt, es sei die von allen Seiten einvernehmlich akzeptierte Lösung. Wir waren da wohl keine Seite.

Sehr hilfreich in unserem Sinn waren die lange erwarteten öffentlichen Erklärungen der Theologischen Fakultät und des Innenstadtpfarrkonvents. Hier gab es jetzt eine weitgehende Übereinstimmung in Grundsatzfragen, insbesondere der, dass die Kirche als Ganzes und mit ihrem Namen als Universitätskirche wiederentstehen solle. Auch der Landesbischof vertrat unsere Position.

Im Februar und im März 2007 gab es drei Konzerte zum Gedenken an die Universitätskirche: „Wo der Herr nicht das Haus baut ...“ von Günter Neubert in der Peterskirche mit einer Ansprache des Komponisten, „Der Tod Jesu“ von Telemann in der Peterskirche mit Gotthold Schwarz und – von uns veranstaltet – die sechs Brandenburgischen Konzerte im Alten Rathaus.

Am 16. März 2007 wurde im Kroch-Hochhaus eine Ausstellung der Kustodie und des Werkbundes „Niederländer am Augustusplatz“ durch den Staatssekretär Dr. Voß eröffnet. Dort konnte man Bilder und ein Modell des geplanten Neubaus von Erick van Egeraat sehen. Es wurde der Eindruck erweckt, als sei alles bestens gerichtet: Den Raum überspannte eine Nachbildung des Gewölbes. Dass die Ausstattung fehlte und die „Säulen“ nicht bis zum Boden reichten, sah man erst auf den zweiten Blick.

Am 24. April 2007 erklärten Staatssekretär Dr. Voß und Prof. Janosch vom SIB in einem ausführlichen Gespräch die Sachlage. Zugegen waren neben allen Vorstandsmitgliedern auch Thomaskantor Christoph Biller, Christoph Michael Haufe, Martin Helmstedt und Manfred Wurlitzer vom Paulinerverein und Wolfgang Liebehenschel von den Lutheriden aus Berlin. Dr. Voß erläuterte die Baubeschlüsse und brachte zum Ausdruck, dass vonseiten des Finanzministeriums stets versucht worden sei, einige von der Universität geforderte Änderungen am Entwurf von 2004 nicht zu realisieren und dass die jetzige Planung spätere Korrekturen im Sinne des ursprünglichen Entwurfs ermögliche. Die Gesprächsteilnehmer erkannten diese Bemühungen um eine Schadensbegrenzung an, konnten sich jedoch nicht mit allen Vorstellungen des Bauherrn identifizieren.

Im Sommer 2007 begann der Neubau. Eine ursprünglich für den 7. Juli angekündigte Grundsteinlegung für die Universitätskirche fand dann doch nicht statt. Stattdessen wurde in einer vergleichsweise wilden Aktion die Baugrube geöffnet, wobei überraschend nördlich der Kirche noch Reste der Nordkapellen mit Knochen und Metallgegenständen zum Vorschein kamen. Eine archäologische Erkundung wäre notwendig gewesen, hatte hier infolge des Zeitdruckes aber nicht stattgefunden. Unser Mitglied Wieland Zumpe fotografierte fast täglich die Baugrube. Daraufhin nahm das Landesamt für Archäologie eine Notsicherung „hinter dem Bagger“ vor. Es ist nicht auszuschließen,

Baugrube 2007   Rechts: Schädel in der Baugrube

dass unter der verbliebenen Grundplatte von 1970 noch Reste von nicht geschleiften Gräbern vorhanden sind. In Anbetracht der späteren Bauverzögerungen, die ganz andere Ursachen hatten, war der Verzicht auf die vorgeschriebene archäologische Erkundung falsch und letztlich gesetzwidrig.

Am 21. Oktober 2008 war Richtfest. Finanzminister Professor Unland fand deutliche Worte an die Adresse der Universitätsleitung bezüglich der Bedeutung des Baus:

„Wissenschafts- und Glaubensfreiheit haben die gleiche Wurzel im europäischen Wertekanon. Keine Wissenschafts- ohne Glaubensfreiheit. Durch die friedliche Revolution ist in Leipzig der Triumph der politischen Freiheit hinzugetreten. Ich wünsche mir, dass es uns gelingt, in dem Gebäude die großartige Tradition der Glaubens-, der Wissenschafts- und der politischen Freiheit gemeinsam und nicht getrennt Architektur werden zu lassen. [...] Die Frage der Innenraumgestaltung

Prof. Dr. Georg Unland
beim Richtfest

erfordert eine Wertediskussion, die nicht isoliert von der Gesellschaft innerhalb der Universität geführt werden kann. Wir bauen hier keinen Elfenbeinturm." [3]

Man erfand die Bezeichnung „Paulinum" für das Haus. Das ist historisch falsch. Es ist der Nachfolgebau der ersten (und von Luther in Dienst gestellten) evangelischen Universitätskirche Deutschlands. Offenbar hat mancher damit immer noch ein Problem. Man verabscheut die Bezeichnung „Universitätskirche" wie der Teufel das Weihwasser.

1   Gespräch am 6. 9. 2005 im Rathaus.
2   Gespräch am 19. 5. 2005 in Berlin.
3   FAZ vom 23. 10. 2008, R. Burger.

Reaktionen der Bischöfe

Ich habe nach dem amerikanischen Bombenangriff, der die Universität zerstörte, damals als an beiden Händen schwer kriegsversehrter Theologiestudent das durch den Angriff schwer beschädigte Dach der Universitätskirche in tagelanger Arbeit mit ausbessern helfen und auf diese Weise dazu beigetragen, dass die Universitätskirche erhalten geblieben ist. Soll denn wirklich im Frieden das nachgeholt werden, was im Kriege nicht gelungen ist? Für den Abbruch der Universitätskirche gibt es keinen zwingenden Grund. Er würde von den christlichen Bürgern der Stadt für einen sinnlosen Zerstörungsakt angesehen werden, der für einen ausgesprochen antihumanistischen Geist zeugt.
Werner Krusche am 21. Mai 1968 in einem Brief an
den damaligen Oberbürgermeister der Stadt Leipzig.

Die Spannung stieg, als erkennbar wurde, dass die Sprengung der Kirche offenbar in nächster Zeit bevorstand. Ich hatte in diesen spannungsgeladenen Tagen als Dozent des Theologischen Seminars einen Brief an den Oberbürgermeister der Stadt Leipzig geschrieben mit der nachdrücklichen Bitte, dieses unsinnige, kulturwidrige, durch nichts begründete Vorhaben in letzter Minute aufzuheben [...]. Am Tag nach Himmelfahrt fand der letzte Gottesdienst statt, in dem Prof. Heinz Wagner die Predigt hielt. Meine Frau war noch auf dem Weg zur Kirche, als sich der Rat des Bezirkes bei mir telefonisch meldete. Der Stellvertreter des Vorsitzenden für Inneres erklärte mir, er müsse mich als den stellvertretenden Rektor des Theologischen Seminars noch am Vormittag sprechen. Ich würde in einem Auto abgeholt werden. Das Gespräch mit dem Vorsitzenden für Inneres dauerte nur fünf Minuten. Er hielt mir vor, dass ich die Studenten aufwiegle, zu demonstrieren und Unruhe in der Bevölkerung zu erzeugen. [...] Es gibt eine Notiz von ihm: ich hätte mich so aggressiv benommen, dass er mich nach fünf Minuten hinausgeworfen habe.
Altbischof Werner Krusche am 10. Mai 2008 in einem Brief
an Ministerpräsident Georg Milbradt.

Landesbischof Werner Krusche   Bischof Joachim Reinelt

Ich unterstütze die Bemühungen um den Wiederaufbau der Leipziger Universitätskirche. Eigentlich ist die Bundesrepublik Deutschland verpflichtet, das Unrecht, das Leipzig mit der Sprengung dieser Kirche angetan wurde, wiedergutzumachen.

Joachim Reinelt, katholischer Bischof von Dresden-Meißen, in einem Brief am 15. Januar 2002 an Dr. Werner Jahn.

„Der sächsische Landesbischof Jochen Bohl spricht sich für die unveränderte Umsetzung des preisgekrönten Entwurfs des niederländischen Architekten Erick van Egeraat zum Wiederaufbau der Universitätskirche in Leipzig aus. Die seit der Reformation für evangelisch-lutherische Gottesdienste genutzte Universitätskirche St. Pauli, in der als einer der ersten reformatorischen Theologen Dr. Martin Luther predigte, wurde 1968 auf Anweisung der damaligen SED-Diktatur widerrechtlich gesprengt. Dieser Willkürakt drängte auf eine Wiederherstellung. Durch die gegenwärtigen Überlegungen zu einer Neugestaltung des Leipziger Universitätsgeländes wurden die Forderungen nach einem Wiederaufbau realistisch. In einem international ausgeschriebenen Wettbewerb zur Gestaltung des innerstädtischen Universitätscampus erhielt der Vorschlag van Egeraats den ersten Preis. Dieser Entwurf erinnert im Äußeren an die Paulinerkirche und sieht im Inneren die weitgehende Rekon-

Landesbischof Jochen Bohl   Landesbischof Johannes Hempel

struktion der dreischiffigen gotischen Hallenkirche vor. Dieser neue Raum soll sowohl für sakrale Zwecke wie Gottesdienste als auch für Konzerte sowie als Aula für akademische Festakte nutzbar sein. Der Entwurf van Egeraats hat große Zustimmung erfahren. Nach langen und teilweise kontroversen Diskussionen führte er zu einem tragfähigen Konsens und sollte, so Bohl, „nicht infrage gestellt werden."

Der Landesbischof unterstützt ausdrücklich die unveränderte Realisierung dieses Entwurfs, der unter anderem die komplette Ausführung der im Innenraum befindlichen, das Gewölbe tragenden Säulen vorsieht. „Nur so kann diese Architektur der Bedeutung des Ortes sowohl in historischer als auch in konzeptioneller Weise gerecht werden", so Bohl. Gleichzeitig spricht er sich gegen eine Imitation der Säulen mittels einer Lichtkonstruktion aus, die vor dem Hintergrund der historischen Bedeutung der ehemaligen Universitätskirche nicht überzeugen kann."[1]

Nachrichten der EVLKS am 16. November 2005

Warum ist der Kompromiss-Entwurf des holländischen Architekten, der schwierig genug war, vom Tisch? Was soll der nun beabsichtigte – de facto – säkulare Pseudo-Wiederaufbau dieser Kirche?

119

Die gemeine Zerstörung der Universitätskirche 1968 auf Befehl von W.
Ulbricht war Ausdruck der damaligen arroganten atheistischen Ideologie.
Ulbricht war Stalinist durch und durch. ‚Die Kirche muß weg ...' hat er zu
Dr. Nierade, dem Architekten der Leipziger Oper gesagt. Die Bevölkerung
(auch ich) stand am Tag der Sprengung vor den Absperrungen.

Sakrale Gebäude prägen die Spiritualität der Menschen tief. Christen
und Nichtchristen wurden durch die damalige brutale Machtdemonstration
tief verletzt. So etwas vergisst man nicht. – Ich war als damaliger Studenten-
pfarrer, zusammen mit dem katholischen Studentenpfarrer Dr. Trilling, und
als späterer Direktor des Studienkollegs St. Pauli mit der Paulinerkirche eng
verbunden und habe mit protestiert. Was nunmehr von der heutigen Univer-
sitätsleitung mit großer Härte befürwortet wird, ist ein halb-säkularer Mehr-
zweckbau, aber keine Kirche. Der bewusste Traditionsbruch von damals wird
dadurch in der heutigen Gesellschaft bewusst und dauerhaft erneuert.

Der geplante ‚Pseudo-Wiederaufbau' der ehemaligen Paulinerkirche do-
kumentiert die tatsächliche Unerwünschtheit der Kirche im Universitätsle-
ben unserer Zeit klar und deutlich.

Dass es auch im wiedervereinigten Deutschland einen aktiven und akade-
mischen Säkularismus gibt, weiß jeder.

Die Zukunft des Christentums in Deutschland ist aber offen.

Keine Universitätsleitung bleibt ewig.

Wenn jetzt die Weichen im Sinne einer säkularen Universitätslandschaft
in Deutschland gestellt werden, halte ich das für einen – wiederum – anma-
ßenden Fehler!

Ich kann das nicht akzeptieren.

Ich bitte Sie herzlich und dringend, auf dem Wege der gegebenen Rechts-
verhältnisse und der zu bewilligenden Finanzen Ihre Möglichkeiten zur
Verhinderung des geplanten Schein-Neubaus der Paulinerkirche geltend zu
machen.

Altbischof Dr. Dr. h. c. Johannes Hempel am 14. Mai 2008
in einem Brief an Ministerpräsident Georg Milbradt.

1   Vgl. www.evlks.de/aktuelles/nachrichten/4582.html.

Aus Briefen, Ansprachen und Veröffentlichungen

2005–2009

Wir Nachgeborenen brauchen Orte, an denen das Vergangene lebendig bleibt. Sie helfen uns, Geschichte zu begreifen. Aus diesem Grund ist die Erhaltung von Denkmalen alles andere als ein sentimentaler Luxus.

Es ist im Interesse der Universität und der Stadt Leipzig ausgesprochen wünschenswert, dass eine Lösung gefunden wird, die das Vermächtnis der historischen Paulinerkirche bewahrt.

Geist und Geistlichkeit gehören zusammen – ich finde: hier im Paulinum, wo künftig Aula und Altar unter einem Dach vereint sind, wird dies auf besondere Weise sichtbar. Wer baut, glaubt an die Zukunft. Hier im Paulinum [...] muss noch einiges auf- und umgebaut werden, aber ich bin zuversichtlich, dass wir einen Geist und eine Struktur schaffen können, die in eine gute Zukunft tragen.

Bundespräsident Horst Köhler (am 2. Dezember 2009)

Die Bundeskanzlerin schätzt sehr, mit welch großem Engagement Sie [...] sich für den Wiederaufbau der 1968 gesprengten Universitätskirche einsetzen. Frau Dr. Merkel ist der Universität Leipzig und der evangelischen Studentengemeinde durch ihre Studienzeit persönlich verbunden. Sie hat große Sympathie für die Bemühungen um die Erinnerung an diesen bedeutenden Kirchenbau.

Dr. Thomas de Maizière, Bundesminister

Man hat sich ausdrücklich für den Entwurf eines Kirchenraumes entschieden, und nun fürchtet man sich vor der eigenen Konsequenz. Das vernünftige Ergebnis ist doch durch die Architektur schon vorgeprägt. Es ist de facto ein Kirchenbau.

Dr. h. c. Wolfgang Thierse, Bundestagspräsident

Da wird krampfhaft nach einem Freiheits- und Einheitsdenkmal gesucht. [...] Der Wiederaufbau der Paulinerkirche, das wäre es doch gewesen.

Werner Schulz, Mitglied des Europäischen Parlaments

[...] dass der universitäre Campus sowohl als Aula als auch als Kirche genutzt werden kann. Ich trage diese Position mit, wünsche mir aber eine große Sorgfalt bei der Einrichtung der Innengestaltung, die sowohl der Spiritualität des Ortes als auch den akustischen Möglichkeiten gerecht wird.

Burkhard Jung, Oberbürgermeister

Die Universität baut eine Aula und keine Kirche.

Frank Nolden, Kanzler der Universität

Die Universität ist in erster Linie dem Grundgesetz [...] verpflichtet. Auf diesem Fundament gründet sich das säkularisierte Staatswesen, das deshalb zur weltanschaulichen Neutralität verpflichtet ist [...] Demgegenüber steht es jedem einzelnen Menschen, dem die göttliche Gnade des Glaubens zuteil geworden ist, auf Grund seiner individuellen Entscheidung selbstverständlich frei, alle ungeklärten Fragen vor Gott zu tragen.

Professor Franz Häuser, Rektor der Universität

Was mir nicht in den Kopf will: Letztlich herrscht nahezu eine Übereinstimmung zwischen der ehemaligen SED, die sich an der Paulinerkirche störte, und denen, die heute sagen, sie passe hier nicht mehr hin. Ich verstehe nicht, dass sich eine so offene Stadt wie Leipzig ihrer Universitätskirche berauben lässt. Das hat auf meine Liebe zu Leipzig keinen Einfluss, aber es schmerzt doppelt. [...] Sie [die Paulinerkirche] hat mich sehr geprägt. [...] Dass diese wunderschöne Kirche [...] in einem barbarischen Akt der Willkür gesprengt wurde, verstehe ich als Aufforderung, sie allein schon deswegen wieder aufzubauen.

Professor Ludwig Güttler

Damnatio memoriae

Das Auslöschen der Erinnerung

HELGA HASSENRÜCK

Manch einen antiken Herrscher ereilte eine Art postumer Rache: Seine Gesetze wurden annulliert, seine Standbilder demoliert, sein Name aus Inschriften eliminiert. Sein Profil wurde, ohne Spuren zu hinterlassen, aus Reliefs herausgemeißelt. Sein Bild verschwand, sein Name wurde gemieden. *Damnatio memoriae* nannte man das später. Offensichtlich sollte die Leipziger Universitätskirche ähnlich gründlich aus dem kollektiven Gedächtnis getilgt werden. Schon vor der Sprengung wurde ihr Name in der Zeitung nicht mehr genannt. Von „Altsubstanz" und „Ruine" war die Rede, kein Wort von einer gotischen Hallenkirche, von den Gräbern der Rektoren und anderen Gelehrten, von der Bedeutung für die Musikstadt Leipzig. Was aus der Kirche innerhalb weniger Tage geborgen werden konnte, wurde unzugänglich verwahrt. Die Absperrung um die Kirche war unüberwindbar. Wer einen letzten, zu langen Blick auf seine Kirche warf, wurde zum Weitergehen gezwungen.

Die Nennung des Wortes „Universitätskirche" war von 1968 bis zum Ende der DDR mit einem Tabu belegt. Ein offizielles Verbot gab es natürlich nicht, aber fast jeder – sogar an der Theologischen Fakultät – hielt sich daran. Leipziger Ansichtskarten und Bildbände mit der Universitätskirche gab es nicht mehr zu kaufen. Der Neubau des Universitätshauptgebäudes am Standort der Universitätskirche in den 70er Jahren trug auch nicht die Spur einer Erinnerung. Wer allerdings noch wusste, was über Jahrhunderte diesen Ort geprägt hatte, den traf die Demonstration der Machthaber: das tonnenschwere Marxrelief an der Stelle des geschnitzten Altars. Ähnlich tat es Tübkes monumentales Wandgemälde vor dem Rektorat, das die für die Sprengung Verantwortlichen zeigt.

Das Schweigen war ein Totschweigen. Erst am 30. Mai 1998 erfuhren die Studenten in einer großen Veranstaltung im Innenhof der Uni von einem Verlust, von dem sie bis dahin zumeist nichts gehört hatten und den zu beklagen ihnen daher nicht in den Sinn gekommen war. Eine Ausstellung lieferte weitere Informationen. Auf einer kleinen Erinnerungstafel drückte die Universität ihr Bedauern aus, einem diktatorischen Regime nicht genug widerstanden zu haben, ohne zu erwähnen, dass sie selber die Weichen zum Abriss ihrer ältesten Bauten gestellt hatte. Diese aber beim Neubau des Campus nicht wiederzuerrichten, das legte sie bald nach diesem öffentlichen Gedenken fest. Der Name durfte zwar wieder genannt werden, doch bei den Entwürfen von Behet und Bondzio wurde keine Erinnerung an die Architektur der gesprengten Kirche zugelassen. Egeraat hätte mit seinem 2004 preisgekrönten Entwurf die Lösung bringen können: eine moderne Fassade mit einem Inneren, das so gestaltet sein sollte, wie jenes der Universitätskirche 700 Jahre lang war – als Aula und Kirche. Der Ort ist authentisch, die Kubatur fast dieselbe. Doch die Universität, von wenigen Ausnahmen abgesehen, nennt den Neubau Paulinum bzw. Aula. Neben dem „Neuen Augusteum" sollte es doch möglich sein, von der „Neuen Universitätskirche" zu sprechen?

Vielleicht bewirkt das Reformationsjubiläum 2017 ein Umdenken im Sinne Luthers: „Das Wort sie sollen lassen stahn."

Gedenktafel am Neubau der Universitätskirche von Matthias Klemm (1993). Die damalige Universitätsleitung hatte ein Jahrzehnt lang einen Universitätsneubau und die Beseitigung der Altbausubstanz eingefordert.

Leipzig ist nicht Dresden

Ulrich Stötzner

Mit Blick auf den Wiederaufbau der Dresdener Frauenkirche hat der StudentInnenrat im Sommer 2006 am Hauptgebäude der Universität ein Transparent mit der Aufschrift „Leipzig ist nicht Dresden – Gott sei Dank" angebracht.

Leipzig ist die moderne Bürgerstadt, Dresden die konservative Residenz.

„Dresden blickt zurück, Leipzig blickt nach vorn", wird gesagt.

Leipzig sprengt weg, räumt ab, baut neu.

Dresden baut wieder auf.

Die Frauenkirche fiel im Krieg.

Die Universitätskirche wurde im Frieden beseitigt.

Die Frauenkirche ist 271 Jahre alt. Sie ist sehr groß und sehr schön.

Die Universitätskirche war über 700 Jahre alt. Sie war nicht so groß, aber auch sehr schön.

Natürlich braucht Leipzig nicht unbedingt noch eine Kirche. „Ihr habt doch noch die Thomaskirche und die Nikolaikirche" sagten die Genossen 1968.

Dresden brauchte auch nicht noch eine Kirche. Sie haben doch die Kreuzkirche und die Annenkirche.

Die Frauenkirche wurde von George Bähr erbaut.

In der Universitätskirche wirkten Johann Sebastian Bach, Felix Mendelssohn Bartholdy und Max Reger.

Die Idee zur Innenraumgestaltung mit der Auflösung der Pfeiler in hängende Lichtstelen aus Porzellan und Glas ist fantastisch. Nur bitte nicht an diesem Ort! Sie entspricht in keiner Weise dem Geist dieses Hauses als schlichte Bettelordenskirche der Dominikaner und spätere Universitätskirche mit hoher nationaler, kultureller und geistesgeschichtlicher Bedeutung und entfernt sich weit von der Erinnerung an den zerstörten

Vorgängerbau. Sie will auch nicht recht zur allgemeinen Finanzlage unseres Landes passen. Wo bleibt der Bürgersinn? Was würden sie heute tun, wenn die SED die Kirche nicht gesprengt hätte? Sie ausräumen, um Platz für 600-mal freie Sicht zu bekommen? Neben der Kirche entsteht ein Auditorium Maximum mit 800 Plätzen. Die Kongresshalle ist auch noch da.

In Dresden waren am Anfang 90% der Bürger gegen einen Kirchenwiederaufbau.

In Leipzig sind es zurzeit schätzungsweise 50%.

In Dresden ist jetzt Versöhnung.

In Leipzig ist immer wieder Zwist.

Wollten wir nicht aufeinander zugehen?

Gehen Sie doch einmal um das Alte Rathaus, das übrigens zweimal wieder aufgebaut wurde. Da können Sie auf der Naschmarkt-Seite lesen: „... wo der Herr die Stadt nicht baut, so arbeiten umsonst, die daran bauen." Wo bleibt das Bekenntnis: Wir bauen die Universitätskirche wieder auf, und zwar als das, als was sie gesprengt wurde: als sakrales Bauwerk für Gottesdienste, als Raum für Universitäts- und andere Musik und – in Zukunft – bitte auch als Aula für die akademischen Festakte. Was für ein Symbol wäre dies für das freie Wort, weswegen sie vernichtet wurde?

Leipzig braucht die Universitätskirche, als Erinnerung und als Mahnung gegen jede Form von Einschränkung gedanklicher Freiheit.

Leipzig ist nicht Dresden – leider Gottes.

Wenn diese werden schweigen, so werden die Steine schreien Lk 19,40

Die bleibende Bedeutung der Universitätskirche St. Pauli zu Leipzig, Gabe und Aufgabe

CHRISTOPH MICHAEL HAUFE (2006)[1]

W ir machen die Erfahrung, je weniger man bemüht ist, der Sache der Universitätskirche die Ehre zu erweisen, umso lauter „schreien die Steine". Mit der Ausrodung des Hauses sollte ihr Geist ausgerottet werden. Heute ruht sie in den Etzoldschen Sandgruben. Aber sie schweigt nicht. Ich höre einen dreifachen Schrei, der seine Hörer sucht, drei Rufe.

Erstens: Die Universitätskirche St. Pauli war von Anfang an ein Haus zum Lobe Gottes, des Gebetes und zur Ausbreitung des freundlichen Angebotes eines Lebens mit Jesus Christus durch das Wort des Evangeliums, ein Leuchtturm christlicher Spiritualität im Miteinander der evangelischen und der römisch-katholischen Kirche in Leipzig. Für die christlichen Gläubigen ruft der Ort nach der sinnfälligen sichtbaren und hörbaren Fortsetzung dieser Bestimmung.

Zweitens: Die Universitätskirche diente der Universität nach Bedarf als Gehäuse für akademische Hoheitsakte und Feiern. Sie hörte dabei niemals auf, den Charakter einer Kirche zu behaupten. Keinen Augenblick lang aber dachten oder denken die Freunde der Universitätskirche daran, dass eine solche Nutzung zu Lasten der Erkennbarkeit der wiederzugewinnenden Universitätskirche St. Pauli als einer Kirche gehen könne. Darum betrachten sie den Versuch, das Gebäude mittels baulicher Eingriffe in einen Aulateil und einen Kirchenteil zu segmentieren, als ganz untauglich.

Drittens: Die Universitätskirche stand und soll auch wieder stehen mitten in der Stadt. Sie war ein unübersehbarer Zeuge des universitären geistigen und geistlichen Lebens unserer Stadt. Das soll sie auch wieder sein! Allerdings bedarf dieser Entwurf van Egeraats eines Innenraumes in genauer Anlehnung an den verlorengegangenen. In der vorgeschlagenen Fassung vom März 2004 ist er gegeben. Eine Auflösung des Innenraumes in Teile und Eingriffe in den Bau im Ganzen ließen verlo-

Gedenkfeier am 30. Mai 2006 auf dem Augustusplatz

rengehen, was uns als Gabe wie auch Aufgabe anvertraut ist. Eine große Chance wäre vertan, und die Steine müssten weiter schreien.

1   Aus einer Rede zum 38. Jahrestag der Sprengung am 30. Mai 2006.

Der Konvent meldet sich zu Wort

Eine Stellungnahme Leipziger Theologen [1]

*D*er Innenstadtkonvent des Evangelisch-Lutherischen Kirchenbezirks Leipzig sah bis jetzt keine Veranlassung, zum geplanten Neubau der Universität Leipzig am Augustusplatz und zur „Paulineraula" Stellung zu nehmen. Zum einen hat niemand von uns einen Wiederaufbau der 1968 gesprengten Universitätskirche befürwortet, noch haben wir es für angemessen gehalten, uns in gestalterischen und architektonischen Fragen des Neubaus zu positionieren. Das hat sich mit den Äußerungen des Kanzlers der Universität, Frank Nolden, in der Leipziger Volkszeitung (LVZ) vom 22. Januar 2007 grundlegend geändert. Sein Satz „Die Universität baut eine Aula und keine Kirche" kann nur als bewusste und gezielte Provokation gewertet werden. Sie gewinnt durch das beredte Schweigen des Rektors der Universität, Prof. Dr. Franz Häuser, zu den Äußerungen des Kanzlers in seinem Interview (LVZ vom 24. 1. 07) deutlich an Brisanz. Damit soll offensichtlich die Erinnerung an die gesprengte Universitätskirche auf architektonische Formen und Grabplatten beschränkt werden. Der mit der Sprengung der Universitätskirche verbundene Versuch, die auch im Wissenschaftskanon der Universität vertretenen und entwickelten Werte des christlichen Glaubens und den damit verbundenen kritischen Diskurs auszulöschen, hätte so eine Entsprechung gefunden.

Gegen diesen Versuch, die Kirche als Ort, an dem die Wahrheitsfrage aufgeworfen wird, aus der Universität erneut zu marginalisieren, erheben wir Protest. Wir erinnern an Albert Einstein, der den Zusammenhang von Religion und Wissenschaft deutlich aufgezeigt hat: „Wissenschaft ohne Religion ist lahm, Religion ohne Wissenschaft ist blind." Ein Wissenschaftsbetrieb, der meint, auf die Frage nach Gott verzichten zu können, verleugnet seine Wurzeln und wird anfällig für ideologische Vereinnahmungen. Religions-, Meinungs- und auch Wissenschaftsfreiheit setzen voraus, dass es Glauben, Überzeugungen, wissenschaftliche Ergebnisse gibt, die sich frei entfalten können müssen. Deswegen braucht die Universität Leipzig ein geistliches Zentrum, *das sowohl ihrer eigenen Tradition gerecht wird, als auch der Universität und ihren Mitgliedern in einer multireligiösen und multikulturellen Gesellschaft ermöglicht, alle ungeklärten Fragen vor Gott zu tragen. Dieses Zentrum soll – wie in der Vergangenheit – als Gottesdienststätte und als Aula genutzt werden und sollte – gerade weil es die Universitätskirche nicht mehr gibt – Universitäts- oder auch Paulinerkirche heißen. In dieser Kirche sollte beides möglich sein: dass der sogenannte Andachtsraum als Teil der Aula und die Aula als Teil der Gottesdienststätte genutzt werden können.*

Der Ratsvorsitzende der Evangelischen Kirche in Deutschland, Bischof Dr. Wolfgang Huber, hat in einem Grundsatzartikel zum Thema „Glaube und Vernunft" in der FAZ vom 31. 10. 2006 geschrieben: „Eine nicht durch den Glauben aufgeklärte Vernunft bleibt unerfahren und unaufgeklärt, weil sie sich keine Rechenschaft über ihre Grenzen ablegt. ... Ein nicht durch die Vernunft aufgehellter Glaube aber trägt die Gefahr in sich, barbarisch und gewalttätig zu werden." Die neu entstehende Universitätskirche kann ein wunderbares Zeichen dafür sein, die unerlässliche Wechselbeziehung zwischen Vernunft und Glaube, zwischen Wissenschaft und Religion als bleibende Aufgabe und Herausforderung der Universität anzumahnen. Und gleichzeitig klagt die Universität mit ihrem geistlichen Zentrum den Beitrag der Kirchen ein. Und nur so kann aus dem Universitätsneubau etwas „Fantastisches" werden.

Leipzig, 26. Januar 2007

Martin Henker, Christian Wolff, Uta Gerhardt, Michael Markert, Dr. Peter Amberg, Christian Führer, Tilman Krause, Christian Kreusel, Thomas Piehler, Andrea Rudolph, Siegfried Schneider, Johannes Toaspern

---

1 Originaltitel: Innenstadtkonvent für Universitätskirche als geistliches Zentrum. Stellungnahme Leipziger Theologen zum Neubau der Universitätskirche. Quelle: www.evlks.de/aktuelles/nachrichten/6927.html.

Neubau oder falsches Denkmal?

Dankwart Guratzsch (2007)[1]

Man braucht in diesen Tagen und Wochen nur die Zeitungen auf-zuschlagen, da wird man Zeuge einer Debatte, die es in dieser Form vor zwanzig Jahren weder im Osten noch im Westen Deutschlands gegeben hat. Es ist die Diskussion über den Wiederaufbau untergegangener Symbolbauten. Sie ist in Nürnberg, Frankfurt/Main, Wesel, Potsdam, Berlin, Halle, Leipzig und Dresden in Gang gekommen. In all diesen Städten sind es Bürgerinitiativen, die die Politiker in dieser Frage vor sich her treiben, die Bürgerbegehren und öffentliche Diskussionen veranstalten und die eine regelrechte Kettenreaktion ausgelöst haben. Denn tatsächlich erleben wir ja, dass derartige Bauvorhaben auch wirklich angepackt werden. [...] Das Thema Leipziger Universitätskirche gehört in diesen Zusammenhang. Insofern befinden wir uns mit dieser Diskussion ganz auf der Höhe der Zeit.

Aber natürlich gibt es Gegenpositionen. In vier hervorragend besetzten Diskussionsforen der Sächsischen Akademie der Künste sind sie vorgetragen worden, zuletzt wirkten daran auch die Akademie der Künste Berlin, die Bayerische Akademie der Schönen Künste München und die Freie Akademie der Künste Hamburg mit. Es konnte wie eine Gegenattacke, wie eine Abwehrschlacht gegen eine Kulturwende erscheinen, die Architekten wie Denkmalpfleger gleichermaßen heraufziehen sehen. Winfried Brenne, der Berliner, vermeinte dort, wo durch den Wiederaufbau verschwundener Gebäude „historische Brüche" verkleistert werden, „das Gedächtnis der Stadt in Gefahr". Horst von Bassewitz, der Hamburger, warnte: „Geschichte wird verfügbar gemacht". Und so mancher Denkmalpfleger fragt wie Gottfried Kiesow, der frühere Landeskonservator von Hessen, heute Chef der deutschen

Folgende Doppelseite: Neues Augusteum und Universitätskirche 2007

Stiftung Denkmalschutz: „Überall im Land werden echte Denkmale abgerissen – und wir bauen dafür falsche wieder auf."

Ein Grundkonflikt, der hin und her wogt und längst nicht entschieden ist. Ich weise bewusst an dieser Stelle auf ihn hin, weil dieses Ringen um die Deutungshoheit für das, was unserer Zeit gemäß sei, weil die Suche nach Akzeptanz für „Leitbilder" des Bauens, weil die große Verunsicherung über das, was „modern" und was „denkmalwert" ist, auch in die Auseinandersetzung über die Paulinerkirche hineinreicht. Wir dürfen diesen Streit offensichtlich nicht vordergründig politisch sehen, sondern müssen uns des geistesgeschichtlichen Hintergrunds vergewissern, vor dem er ausgetragen wird.

In Leipzig ringen die beiden unversöhnlichen Schlachthaufen um ein und dasselbe Bauwerk. Dies ist meine Sicht. Es gab Vorschläge für die Rekonstruktion – und es gibt den zur Ausführung bestimmten Entwurf des Holländers Erick van Egeraat, der auf ein kühn modernes Bauwerk abzielt, das aber – und das ist das Bemerkenswerte – in eigenwilliger, äußerst ausdrucksstarker Form die Erinnerung an den Vorgängerbau wach halten will. In der äußeren Erscheinung, wie sie sich uns auf den Simulationen des Architekten darstellt, könnte man den Versuch sehen, das einstige Hauptgebäude der Universität in die Kirche hineinzuziehen, es zu überhöhen, die Universität durch eine Geste der Umarmung unter das Patronat der Kirche zu stellen. Im Inneren geschieht das Gegenteil: Hier wird die kirchliche Nutzung hinter Glasscheiben weggesperrt, der kirchliche Charakter des Raumes durch eine neue Lichtfülle neutralisiert, die kirchliche Raumordnung durch Herausnahme von Säulen gesprengt. Wenn Sie sich der vorausgegangenen Hinweise erinnern wollen, könnte man darin abseits aller Ideologie den Versuch sehen, auch dem Innenraum einen „modernen" Stempel aufzudrücken.

Ich bin nicht sicher, ob eine solche Interpretation nicht zu kurz greift. [...] Wir werden zu fragen haben, was macht die neue Gestaltung aus dem Kunstwerk Paulinerkirche? Und zweitens, was macht sie aus dem Gotteshaus?

1   Originaltitel „Die Universitätskirche St. Pauli – Gotteshaus und Kunstwerk". Beitrag zur Podiumsdiskussion am 27. 11. 2007 in Leipzig, unveröffentlicht.

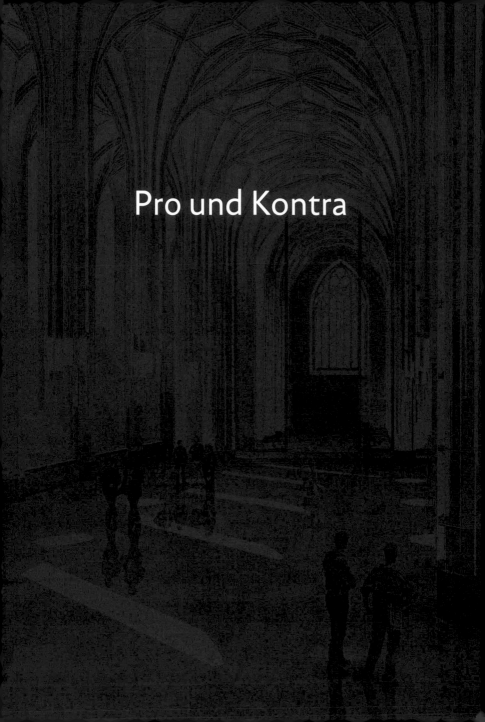

Pro und Kontra

Das Hohe Lied der Intelligenz

Manfred Wurlitzer (2008)

Trotz der unterschiedlichen Meinungen in der Bewertung der Ereignisse in Leipzig von 1968 und des entstehenden Ersatzbaus für die gesprengte Universitätskirche waren sich bisher alle einig in der Verurteilung der Kulturbarbarei, die von der SED durch die Zerstörung des historischen Bauwerkes als eine weltweit wahrgenommene Demonstration der Kirchenfeindlichkeit des sozialistischen Staates in die Tat umgesetzt worden war.

Die strikte Ablehnung der Kirche wird heute in drastischer Weise von einer Gruppe von Personen, die der Spitze der Studentenschaft der Leipziger Universität angehört, propagiert. Ein gewähltes Gremium hat aber die Pflicht, die Gesamtheit aller zu repräsentieren, die ihnen mehrheitlich das Vertrauen ausgesprochen haben. Die Auseinandersetzungen um die Neugestaltung des Augustusplatzes werden von einigen Studentenvertretern benutzt, um die Ansichten Andersdenkender, die sich (auch als Wissenschaftler) zum christlichen Glauben bekennen, öffentlich abzuqualifizieren und lächerlich zu machen. Es soll der Eindruck entstehen, als sei ihre Sicht der Dinge das Gedankengut aller Studenten der Leipziger Universität, was aber bezweifelt werden darf.

Die ehemaligen Machthaber (vor allem der Senat der Universität) begrüßten im Jahr 1968 die Beseitigung der Paulinerkirche als eine Tat zugunsten der Wissenschaft. „Weniger Kirche", das hatten sie erreicht, wie das Bild auf dem Flugblatt zeigt. Es demonstriert aber zugleich eine peinliche Parallelität zur Gegenwart. Eine sachliche, historisch-wissenschaftlich begründete Auseinandersetzung mit der Geschichte der Universität ist in den Studentenaktionen nicht zu erkennen.

Die Leipziger Universität kann in einem Jahr auf ihre 600jährige Geschichte zurückblicken. Ihre Wurzeln reichen zurück in eine Zeit, die geprägt war von der Kirche und dem christlichen Glauben. Das spiegelte sich natürlich wider in den Werken der Persönlichkeiten, die an dieser

Wir fordern eine Uni ohne Kirche!

Pfarrer Christian Wolff von der Thomaskirche fordert (*Die Zeit* vom 09.10.08), über der Forschung müsse ein „kritisch-heiliger Geist" stehen – ach so! Dieser Geist ist in der Geschichte der Menschheit leider völlig unbekannt; er wurde vorletzte Woche erfunden. Ihn der Uni voranzustellen, scheint uns etwas gewagt!

Die theologische Fakultät behauptet, es sei doch nicht zu viel verlangt, „nicht mal 1%" der Fläche der Uni dem Glauben zu widmen. Das ist lächerlich: Es geht hier nicht nur um irgendein Prozent, sondern um das neue Zentrum der Universität. Wir warten auf den Tag, an dem die katholische Kirche, der größte Landbesitzer der Welt, der mit Hitler, Franco, Mussolini und jedem anderen besseren Diktator fröhlich kooperiert hat, uns, den Studierenden, 1% ihrer Fläche zur freien Verfügung stellt!

Der Paulinerverein fährt seit Jahren eine aggressive öffentliche Kampagne für die Kirche. Er ist eine Hobbyveranstaltung von Privatleuten. Sie haben gar nichts zu entscheiden. Das sieht zum Glück auch der Senat der Universität genauso.

Die Ablösung der Forschung und des Staates vom Glauben und von der Kirche ist zentrales Ergebnis der Aufklärung und der bürgerlichen Revolutionen. Alles schon vergessen?

Wir, die Studenten, fordern eine Universität für alle, unabhängig von Herkunft und Glauben. Vergesst nicht die Jahrtausende der Herrschaft der Pfaffen und ihrer Schergen!

Flugblatt des Studentenrates

Universität lehrten und in den Kunstwerken, die zu deren Gedächtnis in der Kirche errichtet worden sind. Mancher von diesen gilt als Begründer eines Wissenschaftszweiges, der unserer modernen Forschung zugrunde liegt. Eben wegen dieser Geschichte, die in der heute noch zu 80% erhaltenen Innenausstattung und in der Erinnerung an die zerstörten Grabstätten lebendig bleibt, gibt es allen Grund, auf diesen ideellen und kulturhistorischen Reichtum stolz zu sein. Die Erziehung zu einer wissenschaftlichen Arbeitsweise bedeutet, dass man sich dem Erbe aus der Vergangenheit stellt und nicht, dass man Teile der Geschichte ausblendet oder nach Belieben konvertiert.

Demonstration des Studentenrates zum Richtfest der Universitätskirche

Das weltverändernde Wesen

Zur Wiederaufstellung des Marx-Monuments

Ulrich Stötzner

Eine Wiederaufstellung des Propaganda-Reliefs „Karl Marx und das revolutionäre weltverändernde Wesen seiner Lehre" wurde von großen Teilen der Bevölkerung abgelehnt. Das Marx-Relief stand an der Stelle, wo sich vorher – im Innern der Universitätskirche – der Pauliner-Altar befand. Auch das hatte seinen symbolischen Sinn. Das Monument war der Ersatz-Altar.

Es gab den Vorschlag, das Monument nach Probstheida zu versetzen. Folgt man der Auffassung des Leipziger Oberbürgermeisters, so ist eine Verbringung in die Etzoldsche Sandgrube unvorstellbar, da das Symbol des beabsichtigten Sieges über den Geist der Humanität und die christliche Religion nicht auf den Trümmern der Universitätskirche stehen kann. Die Bauschuttdeponie in Probstheida kann und durfte nicht das letzte Wort sein.

Es mutet schon seltsam an, dass über ein reines Propagandarelief so viel diskutiert und dafür so viel Geld ausgegeben wurde, während gleichzeitig die wertvolle gerettete originale Kunst am Bau aus Jahrhunderten eine vergleichsweise untergeordnete Rolle spielte. Für die Restaurierung der Epitaphien und der Kanzel wären 300 000 Euro ein traumhaftes Budget gewesen, denn soviel kostete die Umsetzung des Marx-Monuments.

Das Marx-Monument steht jetzt auf dem Universitätsgelände in der Jahn-Allee. Die Vergangenheit und die Zukunft der Universitätskirche liegen am Augustusplatz.

Bronzerelief „Aufbruch" am Hauptgebäude der Universität, Frank Ruddigkeit, Klaus Schwabe und Rolf Kurth 1973

Bauzustand 2008

40 Jahre danach

Ulrich Stötzner

Im Mai 2008 waren 40 Jahre seit der Vernichtung der Universitätskirche vergangen. Im Blick auf dieses Ereignis und auf die Bemühungen um einen Wiederaufbau plante der Paulinerverein eine Reihe von Diskussionsforen, die noch einmal die Geschichte und Bedeutung der Universitätskirche beleuchten und die durch Beiträge von Fachleuten zur Versachlichung der Debatte beitragen sollten. Die Foren fanden im Oktober und November 2007 und im Januar 2008 unter folgenden Themen statt:

1. Die Universitätskirche St. Pauli – Gotteshaus und Bachstätte. Die Zukunft der Universitätsmusik in der Evangelisch-Reformierten Kirche mit Thomaskantor Prof. Georg Christoph Biller, Prof. Matthias Eisenberg, Kanzler Dr. Frank Nolden, Prof. Dr. Martin Petzoldt, Detlef Schneider, UMD David Timm. Moderation: Thomas Bille, MDR.

Vor mehreren hundert Anwesenden waren sich die Podiumsteilnehmer darin einig, dass im zukünftigen Bau am Ort der gesprengten Universitätskirche für die Leipziger Universitätsmusik, die 1968 durch die Sprengung ihre Heimstatt verloren hat, wieder optimale Bedingungen geschaffen werden müssten. Durch die beabsichtigte Raumtrennung seien akustische Beeinträchtigungen zu befürchten. „So wie es derzeit geplant ist, kann es nichts werden", äußerte sich der 16. Nachfolger Bachs im Amt des Leipziger Thomaskantors, Professor Georg Christoph Biller. DER SONNTAG schrieb dazu in der Ausgabe vom 22. April 2007: „,Ich bin auch kein Freund dieser Wand', gibt Timm zu. ,Doch es gibt auch noch Argumente von anderen Nutzern.' " Man müsse eben kompromissbereit sein. Woraufhin Stötzner das erste Mal an diesem Abend deutlich wurde: ,Hier gibt es keine Kompromisse, es gibt nur eine gute oder eine schlechte Akustik.' "

2. Die Universitätskirche St. Pauli – Gotteshaus und Kunstwerk.

Kultur und Architektur gestern und morgen in der Alten Börse mit Prof. Dr. Peter Findeisen, Dr. Rudolf Hiller von Gaertringen, dem Baupfleger Kreß, Prof. Dr. Heinrich Magirius, Dipl.-Ing. Peter Schmelzer, Wieland Zumpe und einem Vertreter aus dem Büro Erick van Egeraats. Moderation: Dankwart Guratzsch, DIE WELT.

Gegenstand der Debatte war, ob und wie die gerettete Ausstattung aus der gesprengten Kirche in dem Neubau einen ihr angemessenen Platz finden kann. Professor Heinrich Magirius machte deutlich, dass der Wiederaufbau der Universitätskirche nach der Barbarei der Zerstörung eine moralische Frage sei, dass die Kunstwerke für genau diesen Raum gestiftet seien und ein Recht auf Wiederaufbau bestehe, auch wenn die politische Entscheidung anders gefallen wäre: „Was ist unter den gegebenen Umständen noch machbar?" fragte er und gab folgende Antwort: „Der Innenraum! Die exakte Wiederherstellung der Dimensionen mit seinen Strukturen!" Auch angesichts des skandalösen Umgangs mit den in der Kirche bestatteten Persönlichkeiten und der Plünderung ihrer Gräber sei eine Architektur nötig, „die den Epitaphen und damit den Toten eine gewisse Würde zurückgibt".

Peter Findeisen, Landeskonservator in Sachsen-Anhalt, berichtete von der Bergung der sakralen Kunstwerke Ende Mai 1968, die er selbst miterlebt hatte. Nicht einmal ein Gerüst habe ihm zur Verfügung gestanden. Unter extremem Zeitdruck – das Datum der Sprengung wurde zunächst geheimgehalten und sei vermutlich von der für das Bohren der Sprenglöcher benötigten Zeit bestimmt worden – musste er eine Auswahl treffen. Er habe mit weißer Farbe an nicht sichtbaren Stellen die z. T. zerbrochenen Teile fortlaufend nummeriert.

Kontrovers wurde diskutiert, wenn der Raum, für den die Werke geschaffen waren, verlorenginge: von der Rekonstruktion der Kirche bis zur musealen Präsentation und Aufteilung des Bestandes. Sowohl aus dem Podium als auch aus dem Publikum wurde die Wiederaufstellung sämtlicher geborgener Kunstwerke, allen voran die Barockkanzel und der Pauliner-Altar, gefordert. Dankwart Guratzsch lenkte den Blick auf andere Bauten mit vergleichbaren Problemen und auf die noch andauernde Debatte über den Wiederaufbau untergegangener Symbolbauten, die immer öfter zugunsten der Rekonstruktion entschieden werde, besonders dort, wo Unrecht zur Zerstörung geführt hatte.

3. Die Universitätskirche St. Pauli – Gotteshaus und Politikum.

Ort des Bekennens im Zeitgeschichtlichen Forum mit Rektor Prof. Dr. Franz Häuser, Prof. Dr. Christoph Michael Haufe, Tobias Hollitzer, Bernd-Lutz Lange, Dekan Prof. Dr. Rüdiger Lux, Prof. Dr. med. Wolfgang Schmidt, Pfarrer Christian Wolff. Moderation: Alexander Meier, MDR.

Professor Häuser bekräftigte die Ablehnung des Wiederaufbaues durch Stadt und Universität. Seit den 90er Jahren habe sich daran nichts geändert. Auf den ursprünglich hoch gelobten Entwurf van Egeraats von 2004 und dessen inzwischen erfolgte Veränderung bis zur Unkenntlichkeit angesprochen, verwies Häuser auf eine vom Bauherrn angenommene Juryempfehlung von 2005, zusätzliche „Qualifizierungen im Sinne einer Aula" vorzunehmen. Dass der Wortlaut dieser Empfehlung (die so allgemein gehalten war, dass die Uni im Grunde machen konnte, was sie wollte) von ihm selbst stammte, erwähnte er nicht. Der nunmehr geplante Neubau ohne Pauliner-Altar, ohne Kanzel, dafür mit trennender Glaswand zwischen großer Aula und kleinem Andachtsraum sowie mit Säulenattrappen aus Glas und Leuchtstoffröhren werde „Paulinum" heißen, die Theologische Fakultät könne ihn nennen, wie sie wolle. Im Übrigen lasse sich die Universität nicht von außen sagen, was ihr gut tue. Die Meinungsbildung habe in den Gremien stattgefunden, und er sei nicht befugt, auch nur einen Millimeter davon abzuweichen.

Professor Haufe machte deutlich, dass die Universität ein vitales Interesse an der Wiederherstellung ihrer Kirche habe. Dort liegen ihre Wurzeln. Die Wunde, die das politische Gemeinwesen empfangen habe, sei erst geheilt, wenn die Universitätskirche wieder erstehe. Grund und Boden seien schließlich einem Zweck gewidmet, der mit dem Verschwinden des Gebäudes nicht abhandengekommen sei. Prof. Lux, Dekan der Theologischen Fakultät, stellte fest, dass hinter der Sprengung Ideologie stand: Es wurde nicht nur ein Gebäude, sondern auch eine christliche Gemeinde gesprengt. Der Neubau müsse symbolisch der Bedeutung des Ortes gerecht werden und dürfe Sakrales und Profanes nicht trennen. Die Theologische Fakultät würde es begrüßen, wenn auf die Glaswand verzichtet und die noch zu restaurierende Kanzel aufgestellt würde. Die Kanzelfrage blieb von Professor Häuser unbeantwortet. Stattdessen machte er sich Gedanken über die Wiederaufstellung des umstrittenen Marxreliefs und musste sich sagen lassen, das zeige, wo sein Herz schlage. Pfarrer Wolff sprach aus, was die meisten bewegte: Der gesamte Raum müsse Universitätskirche sein und auch so heißen. Im Folgenden wurde das Versagen der Universität in zwei Diktaturen festgestellt. Das sei Teil ihrer Geschichte. Momentan versage sie erneut politisch wie moralisch. Glaswand und Unkenntlichkeit des Kirchenraumes seien politische Entscheidungen. Der Kabarettist Bernd-Lutz Lange meinte zugespitzt, die Montagsdemos von 1989 seien die späte Rache der Leipziger für den Kirchenabriss von 1968: „Mit dem Herbst '89 haben wir uns erkämpft, dass es eine Unikirche wieder geben könnte." Und es könne nicht sein, dass sich die alten Funktionäre heute totlachen. Die wollten ja auch keine Kirche. Der Vorsitzende des Paulinervereins sagte abschließend, dass durch Beantwortung der Fragen die Debatte versachlicht werden sollte. Ungeachtet dessen werde die Forderung der Universität nach Veränderung des Raumes durchgezogen. „Dieses Haus stand über Jahrhunderte für christliche Werte, Reformation, Aufklärung, Humanismus, Toleranz und Widerstand gegen Diktatur. Die jetzt vorgesehene multifunktionale Nutzung lässt eine Beliebigkeit befürchten, die der Bedeutung und der Würde des Ortes nicht mehr gerecht werden kann. Sollte dieser Unsinn tatsächlich noch gebaut werden – was kaum vorstellbar ist – würde Ideologie über Ästhetik, Zeitgeist und unbewältigte jüngere Vergangenheit über Geschichte und Zukunft siegen."

Um unser Anliegen einem möglichst breiten Kreis der Bevölkerung verständlich zu erläutern, hielten wir Vorträge in einem Arbeitskreis der CDU, bei der DSU, für Architekturstudenten der Hochschule Weimar, vor dem korporierten Festausschuss, in einer Kirchgemeinde und in der studentischen Verbindung Wingolf.

Unser Landesbischof hatte sich in einer Pressekonferenz am 31. März 2008 sehr deutlich für eine bauliche Lösung ausgesprochen, die den Erwartungen an eine wiederzugewinnende Universitätskirche entspricht. Dabei bezog er sich auf den Wegfall der Trennwand, die Aufstellung der Kanzel und die Beibehaltung des Namens. Er hat dies auch in seiner Predigt am 30. Mai noch einmal unterstrichen.

Der Aufruf „Für die Universitätskirche" wurde in einer Pressekonferenz im Beisein der Erstunterzeichner Georg Christoph Biller und

Christian Führer vorgestellt und danach von mehr als 2000 Personen unterschrieben. Über 200 zum Teil auch prominente Persönlichkeiten haben darüber hinaus an den Ministerpräsidenten geschrieben. Besonders dankbar waren wir für die klaren Voten der Altbischöfe Hempel und Krusche sowie von Herbert Blomstedt, Reiner Kunze, Fulbert Steffensky und Professor Lux. Die Petitionen füllten viele Aktenordner. Sie wurden im Finanzministerium für eine Vorlage für den Ministerpräsidenten ausgewertet.

Zum 40. Jahrestag der Sprengung am 30. Mai 2008 waren je dreimal weit über tausend Menschen im Gottesdienst in der Nikolaikirche, auf dem Augustusplatz zu unserer Gedenkstunde und abends im Konzert. Nachhaltig beeindruckend war eine Rede von Friedrich Schorlemmer. An der von Christian Führer initiierten Demonstration unter der Losung „Die Universitätskirche wird leben" beteiligten sich etwa 500 Personen.

Es war gelungen, die Medien aus ganz Deutschland und darüber hinaus für unser Anliegen zu interessieren: ARD Tagesschau, MDR Fernsehen und Hörfunk, Leipzig Fernsehen, Deutschlandfunk, DIE WELT, FAZ, DIE ZEIT (Finger 2008), Rheinischer Merkur, Neue Züricher Zeitung, Weser Kurier Bremen, Public Forum, DER SONNTAG, Sächsische Zeitung, BILD, Church Times London, Idea, Junge Freiheit und LVZ berichteten über das Gedenken an die Sprengung und den Wiederaufbau der Universitätskirche.

Der Sarkophag mit den sterblichen Überresten von Christian Fürchtegott Gellert im nördlichen Seitenschiff der Universitätskirche wurde vor der Sprengung mutwillig zertrümmert. Die Gebeine sind nach dem Südfriedhof überführt worden.

Ruf aus Leipzig

Für die Universitätskirche St. Pauli zu Leipzig (13. Februar 2008)

> Wer vor der Vergangenheit die Augen
> verschließt, wird blind für die Gegenwart
> *Richard von Weizsäcker*

*A*m 30. Mai 2008 kehrt zum 40. Mal der Tag wieder, an dem die über 700 Jahre alte Leipziger Paulinerkirche auf verbrecherische Weise gegen den ohnmächtigen Widerstand vieler gesprengt wurde.
Die Universitätskirche St. Pauli war das geistliche Zentrum der Universität. Die Theologische Fakultät, der Universitätsgottesdienst, der Universitätschor, die evangelische und die katholische Studentengemeinde verloren ihre Wirkungs- bzw. Heimstätte. Dieser beklagenswerte Zustand hält bis heute an. [...]

Das Unrecht von 1968 darf weder heute noch in Zukunft nachträgliche Bestätigung erfahren. Der 600. Jahrestag der Gründung der Universität 2009 eröffnet mit dem Neubau in der Leipziger Innenstadt eine historische Chance. Eine wiedergewonnene Universitätskirche St. Pauli wäre das Symbol für die Überwindung jener Epoche, die freiheitlicher Wissenschaft und akademischem Dialog zwischen Christen und Nichtchristen versuchte den Boden zu entziehen.

Die Universitätskirche soll wieder ein Haus sein für die Verkündigung christlichen Glaubens, für die Pflege der Universitätsmusik, für den Dialog zwischen christlichem Glauben und den Wissenschaften, für die festliche Darstellung akademischen Lebens und für die [...] Bewahrung der Ehre des politischen Gemeinwesens der Leipziger Bürger.

Dieses wiederzugewinnende Haus soll sich besonders in der Innengestaltung an das Vorbild des verlorenen Vorgängerbaus halten, in baulicher und funktionaler Einheit als Kirche und als Aula dienen und wieder „Universitätskirche St. Pauli" heißen.

Georg Christoph Biller	*Herbert Blomstedt*
Christian Führer	*Ludwig Güttler*
Reiner Kunze	*Erich Loest*
Udo Reiter	*Friedrich Schorlemmer*
Arnd Schultheiß	*Arnold Vaatz*

Geistliche Schulaufsicht.

Collage mit Motiven der Satirezeitschrift „Der wahre Jakob" 1910

www.buerger-pro-uni.de

Wahres Gesicht

Rüdiger Lux an Johannes Schroth, Sprecher der Bürgerinitiative „Pro Uni Leipzig" (2. April 2009)

*S*ehr geehrter Herr Schroth,
heute wurde mir die im Anhang einzusehende Postkarte zugesandt, die die Web-Adresse der von Ihnen ins Leben gerufenen Bürgerinitiative trägt. Darf ich davon ausgehen, dass diese Postkarte auch von Ihrer Initiative verantwortet wird? Wenn das so sein sollte, dann möchte ich als Hochschullehrer der Universität gegen diese Art und Weise der Auseinandersetzung meinen Protest anmelden. In Ihrer Gründungserklärung war noch zu lesen, dass Ihre Initiative zur „Versachlichung der sehr emotional und mitunter intolerant geführten Debatte beitragen" möchte. Ist das die von Ihnen angestrebte Sachlichkeit und Toleranz? Im Protokoll der Gründungsveranstaltung vom 22. 10. 08 war unter Punkt 3 zu lesen: „Niemand sieht die BI als antichristliche Initiative." Hat sich Ihre Sicht inzwischen verändert? Zeigt Ihre Bürgerinitiative jetzt ihr wahres Gesicht?

Ich habe nichts gegen eine gut gemachte Satire. Diese Montage will aber mehr sein als nur eine Satire. Sie will Stimmung machen gegen Kirche. Sie verbreitet bewusst völlig aus der Luft gegriffene Desinformationen. Sie will absurde, jeglicher Grundlage entbehrende Ängste und Aversionen gegen die Kirche wecken. Kurz, sie erinnert mich fatal an Zeiten der stalinistischen antikirchlichen Hetze und SED-Propaganda. Wollen Sie tatsächlich wieder auf das Niveau dieser Zeit zurückfallen? Glücklicherweise leben wir in einem freien Land, in dem jeder seine Meinung kundtun kann. Das dürfen auch Sie und Ihre Initiative. Eines aber dürfen Sie nicht erwarten, dass auf der Grundlage einer derartig unsachlichen, beleidigenden und bar jeder Kenntnis geführten Polemik eine hilfreiche Debatte geführt werden kann.

DIE ✤ ZEIT

WOCHENZEITUNG FÜR POLITIK WIRTSCHAFT WISSEN UND KULTUR   Nr. 23   29. Mai 2008

AUFBAU OST Rohbau der sogenannten »Aula/ Kirche« in Leipzig

Die Angst vor der Kirche

In Leipzig sprengten die Kommunisten vor 40 Jahren die älteste Universitätskirche Deutschlands. Statt sie wieder aufzubauen, errichtet die Hochschule nun eine Aula mit Andachtsnische. Warum dieses zweite Sakrileg? VON EVELYN FINGER

Noch ragen die Betonwände nackt in den Himmel. Noch demonstriert Krane, klaffen Zufahrten, wuchern Gräser. Doch die hohen Fenster erinnern bereits an jene gotische Stadtwand, die einst der bedt Leipzigs war und das beherrschende Giebel gemahnt an die bis vielen Fassade der Universitätskirche, deren Abriss im Mai 1968, genau vor 40 Jahren, zur bleibenden Schande der Stadt wurde. Das staunende Publikum am Bauzaun könnte glauben, hier sei die große, längst fällige Geschichtsaufarbeitung, die säumende Wiederherstellung der Gottesbauten im Gange.

Weit gefehlt. Denn die Kirche wird nicht wieder Kirche, sondern eine Aula. Wer dieser Tage ans Relikt erinnerlich das Wort Paulinerkirche benutzt, wird barsch korrigiert. Mist ist eine moderne Universität! Man lebt nicht mehr im Mittelalter, sondern vollzieht die Trennung von Kirche und Staat! Wollen Sie etwa zum Verfassungsbruch aufrufen? Der Text lässt ahnen, dass die Leipziger Propagandisten eine oberflächliche Neutralität vortäuschen, um öffentlich wurde, dass es einen Symbolbau der wiedervereinigten Republik neuerdürrteten, einen Akt politischer Wiederannäherung anbeten und eine der bunbaren Kirchen Europas ins Morgens ihrer Auferstehung entlockten bereiten. Sie darf den Namen St. Pauli nicht wieder tragen, sondern soll Paulinum heißen. Wieder die größte Bausehlässel aus dem Jahre 1738 nach der prächtige Flügeltür aus dem 13. Jahrhundert werden aufgestellt. Eine mächtige Glaswand zwischen Schiff und Chor wird das Kirchengeist in einen profanen Hörssaal und eine wiederige säbnlts Reserve namens Andachtsraum trennen.

Der Affront gegen das Geistliche ist auch ein Affront gegen das Geistige

Aber läst sich überhaupt das Sakrileg heilen? Eine nationale Kulturbarbarei unsprechen machen? Die Pfarrer Nikolaus Krause, der als Theologiestudent des Abriss erlebte, das Zusammenklappen des Gotteshauses wie das einer raben Esnte, das leibende Umrätzen des Dachstäten und schwenständige Sich vonrareen des Unehbareste, kennen mehr eine Wiederherstellung nicht vernichtet. Vergeben kannte es seinnereit Unterschriften gegen die Sprengung geworden, mit dem 20 Menam in Hab, lackerte bei der DDR. Wird es um das Gebäude ermmere einte um sienen Vermerfhauten, walte es sanch der Wende, mit neuste Klinkarchenige in Dresden, keine Rekonstruktion. Hean beurst er das. Es ist Mai 2008, und Kran- as absolvon seinen Ortsbesuch mit Tränen in den Augen, nachdem 1989 noch Leipzig geben und einen Wiederaufbau fordern sollen r.

Za gut. Scheu wird die Glaskonstruktion als Tierum tür Christen begonnen, man schreit über die »Pauln-, aber sanstählch handelt es sich gerade bei der Trennung von Aula und Kirche um den unscheid- dennbei Studienbetrieb. Das ist chutgut chte, so den höhstisch ärmten werden sollte, war jedoch derweile Kirche und Aula in einem. 1233 ab Klot- wtäkliche gepredät, 1543 vor Martin Luther als Universitätskirche geweiht, diente su seiner religiö-

VIER SEKUNDEN SOZIALISMUS. Am 30. Mai 1968 ließ die Fotografin Karin Wieckhorst vom Grass-Museum aus die Sprengung der über 700 Jahre alten Kirche St. Pauli.

sen weltlichen Zwecken, wurde nach 1945 für Gottesdienste beider christlicher Konfessionen genutzt, vereinschläftlichte aber ein Tolernanzidel, kennlich die Utopie des friedlichen Miteinanders.

Das ist es, woran sich die Uni nun verabschiedet. Sie vergisst, wie untertsüchser Wissenschaft und Religion in der abendländischen Geschichte verbunden waren. Sie übersicht, dass eine Glaswand nicht nur sinnlich reicht, sondern als kaiserliche Trennung zwischen Wissenschaft und Ethik auch ein fatales Zukunftssgesprächl wäre. Das Affront gegen das Geistliche ist hier auch ein Affront gegen das Geistige, gegen kritische Vernunft und aufgeklärte Moral. Kein Wunder, dass die Universität in jüngster Zeit nach und anderen Gesten ihrer praktischen Unfähigkeit zur Vergangenheitsbewältigung Schlagzeilen machte. Das gigantische Marx-Relief will sie wenig aufrichten, aber dort, wo die von der DDR geschändeten Grabligen der Paulinerkirche waren, baut sie einen Fahrradkeller.

Diese Universität scheut unheilvoll froh, dass Ulrichs die Kirche sprengen ließ, und vielartetig ihren militanten Säkularismus mit der Befunstung. Es war vor Anfang an klar, dass wie nur eine Aula bauen. Vielen Gang.kanligen war es kmnundberweise nicht klar, dem Pfarrs Krause ebenso wenig wie am zum Landesbischof Jochen Bohl und dem Dekan der Theologischen Fakultät Rüdiger Lux, dem Universitätsperdigrer Martin Petzoldt, dem Gewandhauskapellmeister Herbert Blomstedt und all dem anderen, die jetzt einnds Protestbrief schreiben. »Kann sein, dass der Rektor schon immer die Kirche austreiten wollte, aber das hat er nicht gesagt kaaste, schimpft in vereinigtts Sächsisch der Wortsplärer Christian Fülmer, Galonnsfläge der friedlichen Revolution.

Fullers versucht nicht, den Kirche ausgerechnet in Leipzig als Bedeutung für die Demokratie einzufordern wird, nachdem sie den Weg zur der Obrgrtäne ermene. Mag sein, man läste die Steinigerysparen der Uni geneuer stadtieren wollen. Ihm schwant, es galt da um Informationssoldur – in Sachsen lenker üblich bei hellten Themen wie Flugäsfeeen, Landesbank, Weltschleisschenkirche. Während Führer gegen Harn IV und bräkstrig demonstrieren, enging ihm, was vor der Haustür tarrierte, kann Sief Gelensmatzt von seiner Nikolaiskirche erefente. »Often für alle in die Manen von St. Nikolai, doch St. Pauli würd ettiuen zur Zentrale der Gegenentwcklung.

Deshalb hat Führer zwar eine Demo angeschalet für den 30. Mai. »Wir vrswingesbätiges Abwachfen weichen keine Glaswand. Wir protestieren dagegen, dass der Zentrabrugsals wie vor 40 Jahren heutige Diskung erfülst.« Füllmte bestätigt Bestembeur nicht kampff keug zu bergn. Warum er nir für einen Wiedersafbau stärmer? »Wir wollen keinen Machtverein der Kirche. Angelklärte Theologie, protestantische Demut, wir derweile gegen den Bopalismus einer protestantische Kirche. Vielleicht ver Führer zu derdeler, dass überhaupt gebaut wird am Ort der Zerstörung.

Weil Ende nächsten Jahre die Uni Leipzig ihr 600-jährigen Bestehen feiert, begann 2005 im Herzen der Stadt ein wildes Aberlen, Aufbaggen, Umbauen. Die Bürger sehen es als Zeichen gegen das bracial-

ZEIT-Feuilleton

Die hier nachgedruckten Originalbeiträge aus dem Kulturteil der ZEIT erscheinen am 29. Mai 2008

Diese und weitere ZEIT-Artikel finden Sie auch im Internet:
http://www.zeit.de

sozialistischen Planzensanforschwitt. Wie mit der früh versonnen Karl-Marx-Universität Vorwirte, aber nicht vergessen! Nach vielem Streit bare 2004 der Rostoukanst Ärchitekt Erick van Egeraat ein einer Wiedersetbaurvorel geingt, der anstelle der Universitätskirche eine scrifentele Hülle vorsah, den gotischen Innenraum jedoch kopiere. Deser Kompromiss akzeptierte sogar der Paulinervein, nachdem er jahrelang für einen Wiederaufbau gestritten hatte. Endlich schien sich ein würdiger Raum für die geistigen Nutzen Kirchenschätze von St. Pauli abzusehen.

Deren zwiefache Bregung materialt zweier Tage im Mai 1968 ist Legende: Während draußen den Sprengglocke für den Kirchenschabl gebohrt wurden, mutflete man dtrinnen kostbare Epitaphien von den Wänden. Stobmeis basten die traurige Aufgabe, ohne Auswahl zu retten. Fühlachteuer anlagten die Kanzel, schraubnet vorsichtig die Orgelpfeifen ab, um sie dann schoppend ins Kirchenschiff zu wefen, weil die Zeit nicht mehr reiche. Dieses Weltretungsgeschtchtes hat sich den Onbolgeunerums eingeprägt.

»Der Innenraum hat den Charme eines sowjetischen Standesamtes«

Die anderen, die jenseits der Abspreizung aufarrtten sind um 30. Mai 1968 Punks 10 Uhr der Stoßwindrlde schlueksen, weiden man dringend wissen, wie übreig läßt. Weil die Staal systematisch die Enrinnerug an St. Pauli ausföscher, indem sie Gemälde abtungte und Archive fälste, misste man heute die Geschehsene sensu-laster bentomen, das Gesrerses möglichst vollständig regente. Achtzig Austattangstücke Mobien erhalten, nameist Epitaphien, aber nach Grabplatten aus dem 15. Jahrhundert, Holzstatuen aus dem 14. Jahrhundert, ein Kruzifix. 18 liturgische Gerätsbil- ten. Leider passt aber ein Bruchteil all dessen in den Andachtsraum. Warum darf es nicht in die Aula?

Weil die Aula neuer kompakt klimatisiert werden müsse, sagt die Universität, das sei zu teuer. Tatsächen verschwigt man, dass die Glaswand weit teuer werden könnte, zumal sie eiglich verschiebbar sein soll, wie Zugvetsstätze an die entfernte Leipziger Kirchenmusikliebe. Die große Orgel wird nämlich in das große Halte halagen. Für den kleinen Andachtsraum wartet natto mir kleine Konvertre angesehen. Dann wurstere die hier eben Art Tür, aber zugvetchre et konste wohl euch sechsnsig das Schärftbgeschafte deser Paste. Much match Nachlilte stritchen wäre gnar fleilich die Liebe in Nische verspucken, um es in einer fenstrise Kirche zu ingrn.

Apropos Licht. Das beim Egeraatschen Innenraumvorfall die Senate von Stunden stielte, kann man als Rückgelägsfelder entschöldigen. Doch dass keine einzige schwetfige Stolt vorkomme, der für die Meretage der Kanzel geeignet wäre, hat Methode. Sie beatelt in der ärstgbrer Bodrgeitg unbutte Bruchlinie. Man knnte es auch aufgutgt Manipulation einer bergeneusten nennen, waid unsurstrechedltaße bleibt, ob es über sten Archivärn oder sun den Universtät naugabt.

Fortsetzung auf der nächsten Seite

DIE ZEIT

jeden Donnerstag neu am Kiosk

Keine Trennung von geistlicher und wissenschaftlicher Nutzung

Stellungnahme des Landesbischofs

L andesbischof Jochen Bohl ging am 31. März 2008 in Leipzig in einer Stellungnahme aus Anlass des bevorstehenden 40. Jahrestages der Sprengung der Universitätskirche St. Pauli am 30. Mai 2008 auf die Gründe der Zerstörung, auf das Gedenken und auf offene Gestaltungsfragen des Neubaus ein. Die damalige Universitätskirche sei seiner Ansicht nach in erster Linie wegen der religions- und kirchenfeindlichen Ideologie der SED zerstört worden, weil die Sphäre der Wissenschaft mit der des Glaubens als unvereinbar angesehen wurde. Bohl: „Für viele christliche Bürgerinnen und Bürger der DDR wurden spätestens durch den barbarischen Akt der Sprengung die wahren Ziele des sozialistischen Staates offenkundig und seine Legitimation tief erschüttert. In der sächsischen Landeskirche seien die Ereignisse unvergessen, zumal Repressionen und Willkür sich gegen einzelne, heute noch lebende Personen richteten. Für deren damaliges „unerschrockenes Bekenntnis weiß die Landeskirche sich unverändert zu Dank verpflichtet", so der Landesbischof.

Vor dem Hintergrund des Gedenktages Ende Mai begrüße er es sehr, wenn es zu einem Einvernehmen mit der Universität in den noch offenen Gestaltungsfragen des Neubaus komme. Immerhin sei der Architektenentwurf „eine ganz ungewöhnliche Leistung", für die Bohl der Universität und dem Freistaat Sachsen als Bauherrn und zu deren Mut für ihre Entscheidung und die Realisierung des Entwurfs gratuliere. Allerdings könne die Landeskirche den von der Universitätsleitung gewünschten Einbau einer Glaswand zwischen dem Kirchenschiff und dem Chorraum nicht mittragen und äußere hierzu Bedenken. Diese würden verstärkt, weil eine − wenn auch gläserne − Trennwand in einem in sich stimmigen Baukörper den Eindruck erwecken könnte, als sei eine Trennung der geistlichen von der wissenschaftlichen Nutzung erforderlich. „Die eine oder andere Äußerung in dem Diskurs der vergangenen Monate" könne so verstanden werden, als wäre gerade dies beabsichtigt.

Der Bischof weist darauf hin, dass sich die Auffassung, der christliche Glaube sei mit der wissenschaftlichen Weltsicht der Moderne unvereinbar, infolge des Gesprächs der Theologie mit den Naturwissenschaften während der letzten Jahrzehnte „weitgehend überlebt" habe. Daher könne er auch in dieser Perspektive keine Gründe für den Einbau einer Trennwand erkennen, die letztlich die Botschaft transportieren würde, dass die Sphäre der Wissenschaft von der des Glaubens getrennt gehöre. Bohl bittet die Universität, von ihrer Forderung an den Bauherrn Abstand zu nehmen, denn ansonsten wäre es ein „fataler Rückbezug auf längst überwundene Antagonismen".

Dies betreffe auch die historisch wertvolle Kanzel, deren Aufstellung nicht vorgesehen sei. Auch hier gelte, so Bohl, dass im lutherischen Sinn die Kanzel nicht allein der geistlichen Rede vorbehalten sei, sondern überhaupt die Bedeutung des „freien Wortes" symbolisiere und daher auch für Vorträge genutzt werden könne. Der Landesbischof vermag daher keinen Grund zu sehen, warum die Kanzel nicht aufgestellt werden sollte und erklärte die Bereitschaft, für die Aufbringung der damit und mit der Restaurierung verbundenen Kosten Sorge zu tragen. Zum Ende seines Statements zum gegenwärtigen Neubau am Augustusplatz ging Bohl auf den Schmerz ein, der für viele Bürgerinnen und Bürger Leipzigs nach wie vor mit den Ereignissen vor 40 Jahren verbunden sei. Sie würden weiterhin von der „Universitätskirche" sprechen. Ihnen schließe er sich in der Wortwahl an.

Der Kustos der Leipziger Universität, Rudolf Hiller von Gaertringen, reagierte gereizt auf die Äußerung des Bischofs. „Es sei schon erstaunlich, wer sich alles berufen fühlt, die Universität einrichten zu wollen. Er gehe ja auch nicht in fremde Wohnzimmer und hänge Bilder um" (Rheinischer Merkur 22/2008). Und zum Thomaskantor: „Ich räume doch auch nicht das Wohnzimmer von Herrn Biller um" (LVZ 23. April 2012).

Von Abgötterei, Lügen und Krämerei ganz loskommen

Aus einem Plädoyer für eine erneuerte Universitätskirche [1]

FRIEDRICH SCHORLEMMER (2008)

Nicht ohne Bewegung stehen viele, stehe ich, hier genau an der Stelle, an der vor 40 Jahren die Universitätskirche hastig gesprengt und abgeräumt, samt Gräbern verscharrt und verkuhlt wurde, auf Geheiß einer Partei und ihrer kleingeistigen Funktionäre mit hypertrophen Machtanmaßungen, die im Namen des menschlichen Fortschrittes, der Vernunft und des sogenannten „sozialistischen Humanismus" ein reales und ein symbolträchtiges Auslöschungswerk vollbrachten.

Die selbsternannte Avantgarde der Arbeiterklasse, die SED, setzte hier ein finsteres Zeichen ihrer Macht, verbunden mit der alltäglich belastenden Hybris, auch über das Denken „ihrer Menschen" bestimmen zu können. Das war Ulbrichtscher Talibanismus. Von Lenin bis Chruschtschow wurden Kirchen gesprengt oder verwüstet. Auch hier galt wohl die Parole: Von der Sowjetunion lernen, heißt sprengen lernen [...].

Alles kommt einem wieder hoch, was '68 war – an Bedrückendem, an Hoffnungsvollem. [...] Die Partei, die immer Recht hatte, setzte das Recht der Macht durch und sie setzte alle Organe ein, um jeden öffentlichen Widerstand und Widerspruch im Keim zu ersticken. Und das ausgerechnet im Jahr 1968, in dem weltweit vieles hoffnungsvoll aufgebrochen war, einem Jahr, in dem die vielleicht letzte Chance bestanden hatte, die beiden großen Menschheitsideen „Freiheit" und „Gerechtigkeit" in einer demokratischen Gesellschaft zum Ausgleich zu bringen. [...] Hier mussten 1968 auch noch die Trümmer der Kirche zertrümmert und tief vergraben werden. Nichts sollte bleiben. Nicht gerade fröhlich machten sich die Bauarbeiter ans Werk, freilich gehorsam einer Partei, die sich die Macht genommen hatte, genommen von keiner geringeren Autorität als von „der Geschichte" selbst, deren Gesetzmäßigkeiten zu beschleunigen die SED sich anheischig gemacht hatte.

Der Abriss dieser Kirche in diesem Gesamtkontext von 1968 war ein Fanal und sollte wohl eins sein! Freilich wird man nicht außer Acht lassen dürfen, dass der von Nazi-Deutschland entfesselte Raub- und Vernichtungskrieg dazu geführt hatte, dass im Gefolge jenes zum „totalen Krieg" erklärten Krieges deutsche Städte samt vieler unersetzbarer Kulturgüter unwiederbringlich zerstört worden waren. Doch diese Kirche war erhalten geblieben – mit einer langen Tradition bis zu Luthers Zeiten. Viele hatten deutlich Einsprüche ausgesprochen, Einwände höflich formuliert. Und viele hatten inständig gebetet, dass dieses Haus nicht zerstört würde. [...] Eine Universitätskirche mitten im Campus mag fortan – unter den Herausforderungen des 21. Jahrhunderts – als ein Ort profilierten Dialoges und der vergegenwärtigenden Aneignung großer Traditionen, als Ort der Selbstbesinnung, der Selbstklärung, der Orientierung und der Handlungsmotivation fungieren. [...] Die Paulinerkirche war und ist ein notwendiger Störfaktor der Universität. Diese Kirche stellte damals durch ihr bloßes Dasein den Alleinvertretungsanspruch auf Wahrheit und auf Macht, der bis zum 1.12.1989 als SED-Staatsdoktrin galt, infrage.

Die Kirche störte. Diese Kirche störte. Ein Störfaktor. Eine störende Erinnerung, eine Mahnung, eine Frage an die Herrschenden, die sich absolut gesetzt hatten.

Eine Kirche, die nicht stört, sondern sich immer nur einzufügen, einzugliedern, einzuschmiegen und einzuschmeicheln sucht, ist nicht bei ihrem Auftrag und macht sich in dem Maße überflüssig, als sie sich gebrauchen lässt. [...] Wenn nun hier wieder eine Kirche erkennbar als Kirche wieder ersteht, dann wäre dies auch eine Verneigung vor denen, die hier seinerzeit Zivilcourage gezeigt haben, eine Zivilcourage, der es zu jeder Zeit und in jedem System bedarf.

Was geschehen ist, ruft nach Wiedergutmachung – so gut das noch möglich ist. Das bedeutet, dass nun durch die Innenarchitektur das Christliche nicht wieder zu einer Art Sonderbereich für sonderbare, gar vorgestrige Leute gemacht wird, die sich heutzutage nicht der Mehrheit der religiös Gleichgültigen beugen wollen. Sollte hier Ulbricht noch einmal siegen, der in seiner Verfassung von 1968 jedem Bürger das Recht einräumte, „sich zu einem religiösen Glauben zu bekennen und religiöse Handlungen auszuüben". Wir wollen unseren Glauben bekennen und öffentlich vertreten, auch im Dialog. Niemand soll hier je wieder genötigt und vereinnahmt werden, weder religiös noch ideologisch-politisch.

Friedrich Schorlemmer auf
der Gedenkveranstaltung
am 30. Mai 2008

Aber wir sollten das Zeugnis vergangener Jahrhunderte nicht verstecken, sondern miteinander nach der Grundlegung unserer Werte, unserer Umgangsformen, unserer Zielsetzungen fragen.

Und dafür einen Raum bereithalten, in dem Existenzfragen wieder und wieder in einen produktiven Dialog von Glauben und Wissen, Vernunft und Gefühl kommen. Ein Raum, in dem man um neue Antworten ringt und zugleich die Antworten aus unserer geistig- kulturellen, christlich-humanistisch-aufklärerisch geprägten Vergangenheit für gemeinsame Zukunft prüft.

Wer in einem „nachempfundenen" Kirchenraum den Altarraum mit Panzerglas abtrennt und so umbauen will, dass der Kirchencharakter nur noch „durchsichtig" ist, aber weg vom Leben bleibt, der will nichts verstehen von den drei miteinander verbundenen Funktionen, die diese erste deutsche Universitätskirche gehabt und in vier Jahrhunderten wahrgenommen hat: Nämlich eine Kirche für Gottesdienste, eine Konzerthalle für Universitätsmusik und eine Aula für akademische Festakte in einem zu sein.

Drei Funktionen in einem verträglichen Miteinander! – statt dahinter in einem abgegrenzten, von den Orgelklängen nicht erreichbaren Raum „religiöse Handlungen" auszuüben. „Ein mickriges Reservat" nannte das DIE ZEIT. Zumal wir Ostdeutschen haben genug von Absperrwänden, auch wenn es vom Beton zum Glas schon ein Fortschritt ist. Bitte, lassen Sie uns darüber noch mal reden. Noch ist nicht alles zu spät. Und: keine Angst vor der Kirche. Keine Angst vor einer Kirche, in einer Kirche. Keine Angst vor Klerikalisierung – das will niemand. Evangelische schon gar nicht. Es geht in unserer protestantisch geprägten Tradition (und wir bereiten uns miteinander auf das 500. Jubiläum 2017 vor) um das produktive Miteinander von Geistlichem und Profanem – nicht um (Ab-)Trennung. Profanes und Geistliches sind nicht zu vermischen, bleiben aber aufeinander bezogen, weder über-, noch unter-, noch nachgeordnet!

Geistlich: an all das erinnernd, worüber wir als Menschen nicht verfügen, weil und wo uns ein Wort erreicht, das befreit und das bindet.

Musikalisch wird kirchenmusikalischen Traditionen Leipzigs im Zusammenhang mit Universität und städtischer Öffentlichkeit buchstäblich Raum gegeben mit einer Musik, die das Gemüt erreicht und den Menschen im Innersten beruhigt, klärt, stärkt und aufrichtet.

Akademisch, der Erkenntnisfreude Raum gebend, mit einer orientierenden Vernunft und einem kritischen Verstand. [...]

Martin Luther hat ein Jahr vor seinem Tode in seiner beeindruckenden Weihepredigt vom 12. August 1545 über die Heimsuchung gepredigt, die die Menschen erkennen sollten. Viele hätten diese Heimsuchung nicht erkannt und sich dagegengestellt. Luther diagnostiziert: „Man sieht eine solche Undankbarkeit und Verachtung, dass einem wohl das Herz brechen möchte. Und so kann sich auch Christus nicht enthalten. Er muss weinen". Der Reformator fährt fort: „Es sind freilich viele Gelehrte und verständige Leute da, Doktoren, Juristen etc., doch wenn Christus kommt, freundlich anklopft und ihnen sein Wort predigen lässt, wollten sie es nicht hören und sagen: hinweg ...."

Hört ihr Zeitgenossen, hört ihr Wissenschaftler, ihr Stadtplaner, ihr Bürgerinnen und Bürger aus Leipzig und von überallher! Gerade Luther war es, der von jeglicher Bevormundung freimachen wollte. „Christus kommt und will dir helfen, von Abgötterei, Lügen und Krämerei ganz loszukommen." Könnte uns das gelten im Blick auf 40 zurückliegende Jahre? Bei immer erneutem Ansturm der Abgötterei, der Lügen und des Krämergeistes? [...] Was wir Heutigen entscheiden, ist nicht „für die Ewigkeit". Doch es soll schon Bestand haben, nicht kurzzeitig-zeitgeistigem Geschmack mit einer absperrenden Durchsichtigkeit und leuchtenden Säulenattrappen entsprechen, vor denen schon eine nächste Generation den Kopf schütteln mag.

Leipzig braucht die Universitätskirche als eine störende, als eine heilsame Erinnerung, in der Vergegenwärtigung geschieht, damit menschliche Zukunft gefördert wird, immer das bedenkend, worüber wir als Menschen nicht verfügen können. Kirche als ein Störfaktor, ein innerer Kraftquell, ein Orientierungsort. Die Kirche soll jedem als Kirche erkennbar bleiben und allem offenstehen, was einem solchen Raum angemessen ist. Und offen für alle bleiben – mitten in der Universität!

1   MUT 4. 9. 2008.

Im Anschluss an die Gedenkveranstaltung am 30. Mai 2008 bewegte sich ein Demonstrationszug von Hunderten Teilnehmern vom Augustusplatz durch die Stadt zum Nikolaikirchhof.

Die Universitätskirche wird leben

CHRISTIAN FÜHRER (2008)[1]

*L*iebe *Freundinnen und Freunde historischer Gerechtigkeit, die nicht wollen, dass ein barbarischer Zerstörungsakt heutige Duldung erfährt! Entgegen dem Entwurf von 2004, der die breite Zustimmung aller am Thema Interessierten fand, rufen gravierende Änderungen zu Einmischung und Protest heraus.*

1. Wenn der Name der vor 40 Jahren vernichteten Universitätskirche gelöscht würde, würde sie selbst noch einmal – und zwar nachhaltiger – vernichtet. „Lehrt sie Gedächtnis"– dabei spielt der Name die entscheidende Rolle.

2. Wenn die der Zerstörung entgangenen Gegenstände aus dem Inneren der Universitätskirche, wie z. B. Kanzel und Altar, der zwischenzeitlich in der Thomaskirche gut aufgestellt ist, nicht wieder an ihrem Ort eingebracht würden, würde das Zerstörungswerk von 1968 fortgesetzt werden.

3. Christlicher Glaube und Wissenschaft sind keine Gegensätze und sollten auch nicht symbolisch getrennt werden. Die ehemaligen DDR-Bürger unter uns sind trennungs-, grenz- und mauergeschädigte Menschen. Auch aus diesem Grund ist die trennende Glaswand im Raum abzulehnen.

Ich rufe auf, eine Demonstration durchzuführen mit drei klaren Zielen: Wir fordern:

– Beibehaltung des jahrhundertealten Namens „Universitätskirche St. Pauli"

– Wiederaufstellung von Kanzel und Altar

– keine trennende Glaswand

---

1 Aufruf zum 30. Mai 2008, unveröffentlicht.

Zum Universitätsjubiläum

Eine Stiftung für die Universitätskirche

Von der Gründungsidee bis zur ersten Zeit ihres Wirkens

JOST BRÜGGENWIRTH

Bereits 2002 gingen Dr. Stefan Fritz und ich mit der Idee zur Gründung einer Stiftung erstmals auf den Paulinerverein zu. Im Juni 2003 kamen in Leipzig der Vorsitzende des Paulinervereins Professor Dr. Günter Blobel mit Dr. Stefan Fritz und dem Stiftungsrechtsexperten Professor Dr. Olaf Werner vom Ernst-Abbe-Institut für Stiftungswesen an der Friedrich-Schiller-Universität Jena zusammen, um die Gedanken zur Gründung einer Stiftung zu vertiefen. Die Stiftungsidee wurde zunächst aber nicht weiterverfolgt, da insbesondere noch nicht absehbar war, in welcher architektonischen Gestalt und auch in welcher eigentumsrechtlichen Form die Neubebauung am Ort der gesprengten Universitätskirche vom Freistaat Sachsen weiterverfolgt werden würde und welche zusätzliche Rolle hier wirksam auch eine Stiftung übernehmen könnte.

Nach der Neuwahl des Vorstandes des Paulinervereins belebte sich ab 2005 die Stiftungsidee. Das auf Grundlage des Siegerentwurfes des Architekten Erik van Egeraat zwischenzeitlich vom Freistaat begonnene Neubauprojekt brachte es mit sich, dass der originalgetreue Wiederaufbau der Universitätskirche St. Pauli als ursprüngliches Hauptziel des Paulinervereins objektiv betrachtet nicht mehr zu verwirklichen war. Allen Beteiligten wurde in dieser Situation immer klarer, dass eine neue, auf dauerhafte Existenz angelegte Institution wie die einer rechtlich selbständigen Stiftung bürgerlichen Rechts wichtig werden könnte – einer Institution, die sich auch jenseits noch verbliebener Fragen der Innenraumgestaltung fördernd dafür einsetzen würde, dass die Universitätskirche St. Pauli auf Dauer künftig wieder als Simultaneum aus Aula und Kirche genutzt wird.

Im Januar 2007 kam es schließlich zum entscheidenden Gespräch am Ernst-Abbe-Institut für Stiftungswesen mit Professor Werner, Dr. Stötzner und mir. Hierbei wurde die Stiftungsgründung fest verabredet. Für einen Stiftungsinitiativkreis konnten zusätzlich dann die Universitätsangehörigen Prof. Dr. Rüdiger Lux als damaliger Dekan der Theologischen Fakultät, Prof. Dr. Martin Petzoldt als damaliger Erster Universitätsprediger, Prof. Dr. Christoph Michael Haufe und Prof. Dr. Martin Oldiges gewonnen werden. In kurzer Zeit wurde Einvernehmen über Präambel und Stiftungszweck erzielt, die seit der Gründung bis heute unverändert die Leitschnur allen Handelns der Stiftung sind:

Präambel

Der Errichtung der Stiftung „Universitätskirche St. Pauli zu Leipzig" liegt das Bestreben zugrunde, die Universitätskirche, die in einem Akt der Kulturbarbarei 1968 auf Geheiß der SED gesprengt worden ist, möglichst nah am historischen Vorbild orientiert als geistiges, geistliches und kulturelles Zentrum der Universität in Leipzig wieder aufleben zu lassen. Die Stiftung fördert die Schaffung und Nutzung einer Stätte, die in baulicher und funktionaler Einheit zugleich Universitätskirche und Aula ist. Sie dient der Erinnerung und Pflege der einmaligen und reichen geistes-, theologie- und musikgeschichtlichen Bedeutung des Ortes und öffnet sich als Raum der Begegnung zwischen Wissenschaft und christlichem Glauben. Die Kirche und Aula soll ein Wahrzeichen von Toleranz, Achtung und Versöhnung sowie gegen Willkür und Gewalt sein. Mit der Wiedergewinnung der Universitätskirche soll ein Ort der Begegnungen geschaffen werden, welcher der Universität für Festveranstaltungen, Ausstellungen und Konzerte gleichermaßen dient wie den Angehörigen der Universität und den Bürgern Leipzigs als Raum für Gottesdienste und als Ort der Erinnerung. Die Wiedergewinnung der Universitätskirche ist ein Zeichen des Aufbegehrens der Bürger gegen das Unrecht der Vernichtung, gegen Vergessen und Ignorierung städtischer Baukultur, die Jahrhunderte den Ort der Kirche geprägt hat.

Stiftungszweck

Die Stiftung dient im Rahmen ihrer finanziellen Mittel insbesondere
– der Gestaltung des Innenraumes, weitgehend orientiert am historischen Vorbild der Schaffung und Wiedergewinnung einer verlorenen Bachstätte
– der Förderung und Pflege der Universitäts- und Kirchenmusik
– der Restaurierung und Präsentation der geretteten Kunstgegenstände

— der Förderung und Pflege des Universitätsgottesdienstes
— dem Dialog zwischen Wissenschaft, den christlichen Konfessionen
und den nichtchristlichen Religionen
  — der Durchführung von Symposien, öffentlichen Vorträgen und Dis-
kussionsforen
  — der wissenschaftlichen Aufarbeitung der Bedeutung der Universi-
tätskirche für die Universität und die Stadt Leipzig.

Kernanliegen des Stiftungsinitiativkreises war es von Beginn an, mit der
Stiftung eine Institution ins Leben zu rufen, die hilft zu realisieren, was
der Bauherr bereits in der ursprünglichen Aufgabenstellung im Qualifizierungsverfahren für die Neubebauung am Leipziger Augustusplatz
formuliert hatte:

> *„3.2.1 Aula / Kirche: Wesentlicher Aspekt bei der Bearbeitung der*
> *Aufgabe ist, dass mit der Aula für die Universität tatsächlich auch*
> *ein Raum entsteht, der als Kirchenraum angemessen erscheint und*
> *gleichberechtigt zur Aula dafür genutzt werden kann. (...) Die innere*
> *Gliederung des Raumes soll die gleichberechtigte Nutzung als Aula und*
> *Kirche unterstützen.“*

Das Eintreten der Stiftung für die Wiedergewinnung einer Universitätskirche stand also auch zu keinem Zeitpunkt im Gegensatz zu der
vorgesehenen, gleichberechtigten Funktion als Aula.
  Die Stiftung wurde schließlich mit der Begründung des Stiftungsge-
schäftes am 29. Mai 2008, d. h. am Vortag des 40. Jahrestages der Sprengung der alten Universitätskirche, in einer Feierstunde in der Thomaskirche zu Leipzig konstituiert. Die Privatpersonen Dr. Klaus Knödel,
Roger Wolf, Günter Neubert sowie Professor Dr. Martin Petzoldt als
Erster Universitätsprediger für die Universitätsgemeinde, der Paulinerverein und ich selbst statteten die Stiftung zu gleichen Teilen mit einem
anfänglichen Grundstockvermögen von 30 000 Euro aus. Für die Mitwirkung als Stiftungskuratoren konnten neben den Gründungsstiftern
u. a. Thomaskantor Professor Georg Christoph Biller, Professor Ludwig Güttler, Professor Dr. Olaf Werner sowie Regierungspräsident
Karl Noltze gewonnen werden. Die Aufgaben des Gründungsvorstan-
des übernahmen Professor Dr. Martin Oldiges, Dr. Martin Helmstedt,

Superintendent Martin Henker sowie Professor Dr. Rüdiger Lux als Dekan der Theologischen Fakultät der Universität Leipzig.

Begünstigt wurde die Gründung der Stiftung durch den Umstand, dass es in zeitlicher Nähe zur Gründung immer wieder Initiativen und Äußerungen von Vertretern der Universitätsverwaltung gab, die darauf abzielten, die vom Freistaat Sachsen vorgesehene gleichberechtigte Funktion als Aula und Kirche zu unterlaufen. So äußerte sich der Kanzler der Universität, Dr. Frank Nolden, im Januar 2007 in der Leipziger Volkszeitung mit den Worten: „Die Universität baut eine Aula und keine Kirche".

Als Vorstandsvorsitzender der Stiftung war von Beginn an Professor Dr. Martin Oldiges vorgesehen. Im persönlichen Dialog erläuterte er Rektor Prof. Franz Häuser noch vor der Gründung der Stiftung ihre der Universität zugewandte und verbindende Grundintention. Bedauerlicherweise reagierte das Rektorat der Universität Leipzig aber anfänglich auf die Stiftungsgründung mit offener Ablehnung. Rektor Häuser äußerte in einem Interview mit Radio Mephisto am 29. Mai 2008 mit Blick auf das Gründungsmitglied Prof. Dr. Martin Petzoldt gar drohend: „Herr Petzoldt ist in sämtlichen Gremien. Dort herrscht Demokratie, das bestätigt meinen Eindruck, dass man von außen versucht auf die Universität Einfluss zu nehmen. Inwieweit das mit den Dienstpflichten eines beamteten Professors vereinbar ist, darüber wird man Überlegungen anstellen müssen." In der Leipziger Volkszeitung vom gleichen Tage wurde der Rektor außerdem mit den Worten zitiert, es sei wohl „mit dem Stiftungskapital kaum möglich, großartige Dinge zu fördern". Rückblickend betrachtet haben sich diese Äußerungen als ausgesprochen motivierend für alle Gremienmitglieder der Stiftung erwiesen. Ohne sie wären möglicherweise die bisherigen Erfolge mit der Einwerbung von Zuwendungen in deutlich sechsstelliger Größenordnung nicht erreicht worden.

Vorstand und Kuratorium der Stiftung konstituierten sich nach der Stiftungsgenehmigung durch die Landesdirektion Leipzig im Dezember 2008 am 8. Januar 2009. Bereits in dieser ersten Sitzung wurde die Verwendung des neuen Stiftungssiegels beschlossen. Dieses greift den in moderner, äußerer Formensprache an die gesprengte Universitätskirche erinnernden Architekturentwurf Erick van Egeraats auf und stellt ein Bekenntnis zur neuen Universitätskirche dar.

Bildnismedaille des Apostels Paulus, vermutlich 1543, limitierte und nummerierte Nachprägung für den Altargrundstein und für die Stifter

Als erstes Stiftungsprojekt wurde sodann die Nachprägung der historischen Bildnismedaille des Apostels Paulus in die Wege geleitet. Der Stiftungskurator und Erste Universitätsprediger Prof. Dr. Martin Petzoldt hatte die Geschichte der im 17. Jahrhundert in den Grundmauern der alten Universitätskirche gefundenen Medaille recherchiert. Er war es, der die Idee hatte, diese Medaille durch die Stiftung nachprägen zu lassen, sie als Zeichen der Verbundenheit der Universitätsgemeinde zu schenken und in den Altargrundstein der neuen Universitätskirche einzubringen.

Dem persönlichen Engagement Martin Petzoldts ist es auch zu verdanken, dass die Stadt Leipzig anlässlich des 600-jährigen Universitätsjubiläums 2009 eine Geldzuwendung in Höhe von 100 000 Euro, zweckgebunden für die Schwalbennestorgel im Chorraum der neuen Universitätskirche zusagte. In Summe hat die Stiftung in den ersten fünf Jahren ihres Bestehens bereits über 225 000 Euro an Zuwendungen einwerben können. Eine wesentliche Rolle spielten dabei auch Benefizkonzerte, u. a. mit dem Stiftungskurator Professor Güttler sowie mit Universitätsmusikdirektor David Timm, der zwischenzeitlich ins Stiftungskuratorium berufen wurde. Mit einer Finanzierungszusage über insgesamt 150 000 Euro hat die Stiftung im Frühjahr 2011 die Universität Leipzig schließlich in die Lage versetzt, ihre Ausschreibung für die Schwalbennestorgel zu initiieren.

Die Stiftung unterstützt neben der Schwalbennestorgel auch vorbehaltlos die Aufstellung der geretteten Barockkanzel von Valentin Schwarzenberger am nordöstlichen Pfeiler im Langhaus der Universitätskirche. Die Stiftung hat hierfür gegenüber dem Rektorat ein verbindliches Angebot für die Übernahme potentieller Folgerestaurierungskosten ausgesprochen.

Für die Zukunft liegt der Stiftung insbesondere die dauerhafte Förderung bedeutungsreicher Veranstaltungen der Theologischen Fakultät und der Universitätsmusik am Herzen. So plant die Theologische Fakultät auf Anregung der Stiftung unter dem Arbeitstitel „Pauliner Forum" eine Vortragsreihe, bei der in der Universitätskirche St. Pauli Begegnungen von Religion und Wissenschaft, Religion und Kultur, Religion und gesellschaftlicher Praxis in denkbar großer Vielfalt inszeniert werden sollen. Die Stiftung hat sich bereit erklärt, diese Vortragsreihe finanziell zu ermöglichen und in exklusiver Partnerschaft mit der Theologischen Fakultät nach Indienstnahme der Neuen Universitätskirche durchzuführen.

Die Stiftung wird in Zukunft weiter das ihr Mögliche tun, um die neue Universitätskirche zu einem einmaligen Anziehungspunkt inmitten der Stadt Leipzig und der Universität zu entwickeln. Dabei bin ich auch dankbar für die in der Zwischenzeit erfahrene Anerkennung unseres Tuns durch das derzeitige Rektorat und erwarte gleichzeitig noch weitere deutliche Fortschritte in der künftigen Zusammenarbeit.

Eine Senatsresolution?

Mitglieder des akademischen Senats der Universität Leipzig haben am 14. Oktober 2008 eine Resolution über die Nutzung und Innengestaltung des „Paulinums" herausgebracht, die von Prof. Dr. Hubert Seiwert, dem Direktor des Religionswissenschaftlichen Institutes, verfasst worden ist. Darin heißt es u. a.:

„Die in jüngster Zeit verstärkt und in zum Teil diffamierender Weise gegen die Universität Leipzig und ihren Rektor geführte Kampagne mit dem Ziel, den zentralen Neubau der Universität zur Kirche zu erklären, stößt auf unseren entschiedenen Widerspruch. Wir teilen die Meinung des akademischen Senats und des Rektorats der Universität Leipzig, dass der Neubau des Paulinums am Augustusplatz die Aula der Universität und keine Kirche sein wird. [...] Der von einer lauten, aber durch nichts legitimierten Minderheit gestellten Forderung, das zentrale Bauwerk der Universität als Kirche zu weihen, darf die Universität nicht nachkommen. Damit würde die Bindung der Wissenschaft an eine Konfession symbolisiert. [...] Die Universität kann und darf sich nicht von der Gesellschaft isolieren, indem sie ihr symbolisches Zentrum zum Gotteshaus erklären lässt. Die aggressive Form, mit der manche Vertreter dieser Forderung Rektor Häuser diffamieren und versuchen, der Universität ihren Willen aufzuzwingen, ist Ausdruck eines ungehörigen Machtanspruchs, den wir zurückweisen."

Fünf Professoren der Mathematik distanzierten sich in einem offenen Brief an den Rektor von der Resolution. „Getreu dem selbst gewählten Motto der Universität („Aus Tradition Grenzen überschreiten") appellieren wir an Sie: Heilen wir den Bruch mit einer wertvollen Tradition und vermeiden wir die Errichtung unnötiger Grenzen – dieses Mal aus

Glas." Der Brief trägt die Unterschriften der Professoren Peter Borne-leit, Bernd Fritzsche, Stephan Luckhaus, Matthias Schwarz und Jürgen Stückrad.

Am 16. Oktober nahm die Theologischen Fakultät dazu Stellung:

3. Die LVZ hat in ihrer Ausgabe vom 16. Oktober 2008 gemeldet, der Senat der Universität habe eine Resolution zur Nutzung und Neugestaltung des Paulinums beschlossen. Richtig ist, dass es sich bei der von Prof. Hubert Seiwert verfassten Resolution um keinen ordnungsgemäßen Senatsbeschluss handelt, sondern um eine Initiative, der sich die Senatoren mehrheitlich durch Unterschrift angeschlossen haben.

4. Die Resolution stellt fest, dass „der Neubau des Paulinums am Augustusplatz die Aula der Universität und keine Kirche sein wird." Diese Feststellung widerspricht eindeutig der von der Staatsregierung des Freistaates Sachsen und der Universität vorgegebenen Aufgabenstellung für den Architektenwettbewerb und das ihm folgende Qualifizierungsverfahren. Darin hieß es: „Die neue Aula soll als Ort akademischer Veranstaltungen, der Universitätsgottesdienste und der universitären Musikpflege eine lebendige Begegnungsstätte werden."

5. Wir wehren uns dagegen, dass Menschen, die sich an der Universität für die selbstverständliche Freiheit in Forschung und Lehre ebenso einsetzen wie für eine lebendige Pflege des christlichen Glaubens, als „Ewiggestrige" diffamiert werden, die einer mittelalterlichen Mentalität verhaftet seien.

6. In der Diskussion wurde mehrfach die Forderung erhoben, dass der entstehende Neubau überkonfessionell genutzt werden sollte. Diesem Anliegen stimmen wir zu. Selbstverständlich ist auch die katholische Studentengemeinde herzlich eingeladen, ihre Gottesdienste in der neuen Universitätskirche zu feiern.

7. Überkonfessionalität ist aber nicht mit Interreligiosität zu verwechseln. Die Leipziger Universität hat sich mit ihrer Universitätskirche jahrhundertelang auf den christlichen Glauben bezogen. Zu dieser Tradition bekennen wir uns.

Für die Theologischen Fakultät:
Prof. Dr. Jens Herzer (Dekan)
Prof. Dr. Martin Petzoldt (Erster Universitätsprediger)

600 Jahre Universität

ULRICH STÖTZNER

Im Jahr 2009 beging die Universität die 600-Jahrfeier ihrer Gründung. Diese Feier sollte im fertiggestellten „Paulinum", also in der neuen Universitätskirche stattfinden.

Im Vorfeld dieses Ereignisses war man bestrebt, öffentliche Debatten über offene Fragen der Gestaltung der Kirche in Zukunft auszuschließen. Der Rektor bat die Generalbundesanwältin Professor Monika Harms um Vermittlung. Zu den Gesprächen im November und Dezember 2008 waren Vertreter des Bauherrn, der Universität und der Landeskirche zugegen. Der Paulinerverein war nicht geladen. In einer Vereinbarung mit dem Landesbischof einigte man sich auf die semantische Sprachverwirrung „Paulinum. Aula/Universitätskirche St. Pauli", regelte die gottesdienstliche Nutzung „grundsätzlich" und die Rückführung der geretteten Kunstwerke (Epitaphien, Altar, Kanzel) an den historischen Ort. Keine Einigkeit konnte über die vorgesehene Trennung des Raumes mittels einer Acryl-Glaswand in einen sakralen und einen weltlichen Teil erzielt werden. „Die bislang über diese Frage dogmatisch und ideologisch überfrachtete, überhöhte, zugespitzte geführte Auseinandersetzung in der Öffentlichkeit wird nicht fortgesetzt."[1] Das war der Maulkorb für die öffentliche Debatte in dieser die Öffentlichkeit sehr wohl interessierenden Angelegenheit.

1 Prof. Monika Harms, Erklärung vom 15. 12. 2008 in: LVZ online.

600 JAHRE UNIVERSITÄT LEIPZIG
DEUTSCHLAND
55

Res sacrae

Sachherrschaft, Nutzung und Gestaltung des Innenraumes
der Universitätskirche
Nach HELMUT GOERLICH und TORSTEN SCHMIDT [1]

Im Blick auf das Universitätsjubiläum und begleitend zum umstrittenen Wiederaufbau der Universitätskirche haben die renommierten
Kirchenrechtler Helmut Goerlich und Torsten Schmidt 2009 die juristischen Aspekte bei der Wiedergewinnung der Universitätskirche unter-
sucht und dargelegt.

Als *res sacrae* (heilige Sachen) werden die von den öffentlich-rechtlich korporierten Kirchen und Religionsgemeinschaften zu Zwecken des kirchlichen Gebrauchs gewidmeten Sachen bezeichnet. Die
öffentlich-rechtliche Widmung, Umwidmung oder Entwidmung einer
res sacra kann nur die jeweilige Kirche selbst vornehmen, nicht aber an
ihrer Stelle der Staat oder gar ein privater Eigentümer. Das Erforder-
nis eines Rechtsaktes ist somit die entscheidende Voraussetzung für
die Begründung, Änderung und Aufhebung des öffentlich-rechtlichen
Sonderstatus der öffentlichen Sache. Diese Grundsätze gelten auch bei
einer völligen Zerstörung der Sache: Die völlige Zerstörung der Sache
als bloße tatsächliche Veränderung hebt die Widmung im evangelischen
Kirchenrecht nicht auf. Zwar ist zwischenzeitlich die Nutzung der Sache nicht möglich. Wird die betreffende Sache aber wieder aufgebaut,
lebt die Widmung wieder auf und die Sache wird zur öffentlichen Sache,
ohne dass es einer erneuten Widmung bedarf.

Wohl schon auf die Einweihung 1544, spätestens aber auf den Ein-
weihungsgottesdienst am 12. Oktober 1545 lässt sich die öffentliche
Widmung der Universitätskirche St. Pauli als res sacra zurückführen.
Die Universitätskirche war dem evangelischen Gottesdienst gewid-
met, gehörte also seitdem zunächst dem damaligen kursächsischen
Kirchenwesen zu, aus dem die sächsische Landeskirche und heutige
Evangelisch-Lutherische Landeskirche Sachsens entstand. Als Kirche
eingeweiht und gewidmet war die gesamte Kirche, nicht nur ein Teil.

Demzufolge beschränkte sich auch die Eigenschaft als *res sacra* nicht nur auf einen besonders abgeteilten Chorraum oder einen Teil des Kirchenschiffes, sondern erstreckte sich auf die gesamte bauliche Anlage des Kirchengebäudes einschließlich ihres Zubehörs.

Die Universitätskirche wurde 1968 gesprengt. Eine Zustimmung der Evangelisch-Lutherischen Landeskirche Sachsens zur Außerdienststellung und zum Abriss der Paulinerkirche wurde zu keiner Zeit eingeholt oder erteilt. Den für die Aufhebung eines Gebäudes als *res sacra* erforderlichen kirchlichen Rechtsakt hat es nicht gegeben. Das evangelische Kirchenrecht kennt einen automatischen Verlust der Widmung ohne Entwidmungsakt nicht. Nur noch die jeweilige Kirche, zu deren Gunsten und zu deren Ritus die Kirche geweiht war, konnte über die öffentliche Sacheigenschaft verfügen und diese durch Umwidmung oder Entwidmung aufheben oder ändern. Auch die Universität Leipzig hatte diese Befugnis nicht, selbst da sie Eigentümerin des Kirchengrundstücks und des gesamten Universitätskomplexes gewesen ist.

Das wirft für den Neubau des „Paulinums" bzw. des Universitätscampus die Frage auf, ob für den Bauteil „Aula/Kirche" des Bauvorhabens die alte Widmung der Universitätskirche St. Pauli zu Leipzig wieder auflebt. Dass das heutige Bauteil „Aula/Kirche" mit anderen Baustoffen und Baumaterialien und in einer modernen Bauweise wiederentsteht, schließt dieses Wiederaufleben der Widmung nicht aus. Auch die historische Pauliner-Kirche hat im Laufe ihrer Baugeschichte Form und Gestalt mehrfach geändert, ohne ihre Res-Sacra-Eigenschaft zu verlieren. Entscheidend ist aber, dass das in den neuen Universitätscampus eingegliederte Bauteil „Aula/Kirche" bewusst eine Form und Gestaltung annimmt, die nicht nur an die historische Universitätskirche anknüpft und erinnert, sondern die gerade für Kirchenbauten und nicht für sonstige Profanbauten typisch sind. Hier kann die vorgesehene Dachgestaltung, die Ausbildung als Säulenhalle, die Fenster- und Emporengestaltung, das Versehen mit kirchentypischen Ausstattungsmerkmalen (Orgel, Altar, Epitaphe) und vieles mehr genannt werden. Dem unbefangenen Betrachter drängt sich bei objektiver Gesamtbetrachtung klar auf, dass hier ein Kirchenbau entsteht oder zumindest nachempfunden wird. Im Übrigen ist ohne Belang, dass unter dem „Bauteil Kirche/Aula" anderweitig genutzte Räume (bspw. eine Tiefgarage) entstehen. Insofern ist auch ein fest in einen Universitätscampus eingefügtes Kirchenbauwerk unabhängig davon, was neben, über oder unter ihm geschieht, öffentliche Sache. Von Bedeutung für das Wiederaufleben der Widmung zur öffentlichen Sache ist stets ihre räumliche Lage. Dabei sind aber geringfügige örtliche Veränderungen oder gar Änderungen in der Ausdehnung unschädlich. Der wohl wichtigste Aspekt in der vorzunehmenden Gesamtbetrachtung aber ergibt sich aus der Frage, ob auch anhand der künftigen Nutzungsabsichten von einer Identität der öffentlichen Sache auszugehen ist. Die Universitätskirche ist also bereits durch das bloße Wiedererrichten zur öffentlich-rechtlichen res sacra gewidmet. Selbst eine Wiederholung der Widmung durch nochmalige Weihe ist unschädlich und ändert die bisherige Widmung nicht ab.

Das Wiederaufleben der Widmung reanimiert auch die öffentliche Sachherrschaft, und zwar zugunsten der öffentlich-rechtlich korporierten Kirche, um deren Widmung es geht und die schon vormals öffentliche Sachherrin war. Dies ist bei der Universitätskirche St. Pauli zu Leipzig die Evangelisch-Lutherische Landeskirche Sachsens. Die betreffende Landeskirche erlangt somit wieder ihre vormalige Rechtsstellung, die sie zur Nutzung des Kirchengebäudes entsprechend der Widmung berechtigt und den privatrechtlichen Gebäudeeigentümer sowie sonstige Mitnutzer zur Duldung dieser kirchlichen Nutzung zwingt. Kraft dieser Rechtsstellung kann die Landeskirche verlangen, dass ihr das wiedererrichtete Gebäude für den widmungsgemäßen Gebrauch überlassen wird, die Kirche für die vorgesehene Nutzung ohne Hindernisse zugänglich ist, der kirchliche Charakter gewahrt und geachtet wird sowie sämtliche, die widmungsgemäße Nutzung oder den kirchlichen Charakter des Raumes beeinträchtigende Handlungen unterlassen werden. Diese Rechte können als subjektiv-öffentliche Rechte der Landeskirche notfalls auch gerichtlich durchgesetzt werden.

Die zugunsten der Landeskirche wiederentstehende öffentlich-rechtliche Sachherrschaft geht aber nicht weiter als ihr historischer Bestand. Die kirchliche Nutzung findet somit in der simultanen akademischen Nutzung genauso ihre Schranke, wie umgekehrt die akademische Nutzung durch die kirchliche Nutzung und den kirchlichen Charakter des Raumes begrenzt wird. Wie die historische Nutzung der Pauliner-Kirche zeigt, ist diese Vereinbarkeit akademischer oder kirchlicher Nutzungen eigentlich unproblematisch. Letztlich maßgeblich für die

Vereinbarkeit von profaner und kirchlicher Raumnutzung im Einzelfall sind nämlich die Beurteilung und die geltenden kirchenrechtlichen Regelungen der Landeskirche.

Wer hat darüber zu befinden, welche Ausstattungsmerkmale und welches Raumkonzept für die gottesdienstliche Nutzung vorzuhalten sind? Diese Fragen beantwortet eine seit Langem gefestigte Rechtsprechung des Bundesverfassungsgerichts: Was Religion und Glauben ist, welche Folgen religiöses Handeln hat und vor allem welche Voraussetzungen für religiöses Handeln bestehen, wird nicht objektiv oder allein durch den säkularen Staat bestimmt, sondern richtet sich vielmehr nach dem Selbstverständnis der Kirchen und Religionsgemeinschaften. Allein die Kirchen und Religionsgesellschaften können bestimmen, ob sakrale Räume eine bestimmte Mindestgröße haben müssen, ob simultane Nutzungen möglich sind oder stören, ob und wo Kanzeln und Altäre aufzustellen sind und welche sonstige Beschaffenheit der Raum aufzuweisen hat. Deren Selbstverständnis ist auch dort und dann allein maßgeblich, wenn die räumlichen Anforderungen dem Außenstehenden nicht nachvollziehbar oder einleuchtend erscheinen. Das Selbstverständnis ist sogar dann maßgeblich, wenn der Staat selbst Räume und finanzielle Mittel für die religiöse Betätigung bereitstellt. Der religiös- und weltanschaulich neutrale Staat und seine Einrichtungen haben keine „religiöse Kompetenz". Ihnen fehlen schlicht die Fähig- und Fertigkeiten, in religiösen Fragen urteilen zu können. Maßen sie sich an, über religiöse Fragen anstelle der dazu allein zuständigen Kirchen zu entscheiden, ist das nicht nur ein Verstoß gegen kirchenvertragliche Bindungen, sondern vor allem Verfassungsbruch.

Als merkwürdig und unverständlich müssen deshalb die Entscheidungsprozesse in Leipzig um die Errichtung und Ausstattung der künftigen Universitätskirche erscheinen. Dort planen und bauen der Freistaat Sachsen und die Universität Leipzig einen sakralen Raum für den evangelischen Gottesdienst, ohne dass die Evangelisch-Lutherische Landeskirche Sachsens, auf deren Selbstverständnis es aber letztlich entscheidend ankommt, in die maßgeblichen Entscheidungen einbezogen ist. Welche Ausstattung der sakrale Raum haben soll, wird zwar in universitären Kommissionen behandelt oder zwischen universitären Entscheidungsträgern, dem Planer und dem Staatsbetrieb Sächsisches

Immobilien- und Baumanagement abgestimmt, die Evangelisch-Lutherische Landeskirche bleibt aber weitgehend ungefragt.

Der Freistaat Sachsen steht nach dem Evangelischen Kirchenvertrag in der Verantwortung, aufgetretene Konflikte zu bereinigen und gegebenenfalls die dafür notwendigen Maßnahmen und Entscheidungen zu treffen. Es ist also letztlich eine verbindliche Regelung durch eine Vereinbarung erforderlich, die sämtliche Fragen der künftigen Nutzung sowie der Ausstattung des Gebäudeteils regelt. An dieser Vereinbarung müssen als Vertragsparteien zwingend zunächst der Freistaat Sachsen und die Evangelisch-Lutherische Landeskirche Sachsens als Vertragsparteien des Evangelischen Kirchenvertrags beteiligt sein. Da die Nutzung der Kirche und ihre Ausstattung aber auch die Universität Leipzig als rechtlich selbstständigen Selbstverwaltungsträger betrifft sowie die theologische Fakultät als teilrechtsfähiges Rechtssubjekt, sind auch diese beiden an der Vereinbarung zu beteiligen. Allein eine solche vierseitige Vereinbarung kann somit dauerhaft die bestehenden Meinungsverschiedenheiten beilegen.

Antwort des Rektors der Universität Franz Häuser, Professor für Bürgerliches Recht, Bank- und Börsenrecht, Arbeitsrecht, im Interview mit dem Studenten-Radio Mephisto am 15. Oktober 2009:[2]
„Ein öffentliches Gebäude, insbesondere in Besitz der Universität, kann überhaupt keine Kirche sein." Zudem gebe es zwischen Kirche und Paulinum überhaupt keine Kontinuität. „An der Stelle befand sich jahrzehntelang das Uni-Hauptgebäude. Und es wird doch niemand behaupten, dass das eine Kirche gewesen sei." Von dem veröffentlichten Gutachten lasse er sich nicht irritieren: „Sie werden immer jemanden finden, der Ihnen bestätigt, dass der Mond 'ne Bratkartoffel ist – in 'nem juristischen Gutachten."

1 Goerlich/Schmidt, 2009.
2 Vgl. http://mephisto976.de/news/alt/uni-rektor-haeuser-weist-gutachten-zum-paulinum-zurueck-16418.

Jetzo mit der Kraft des Stranges
Wiegt die Glock' mir aus der Gruft,
Daß sie in das Reich des Klanges
Steige, in die Himmelsluft.
Ziehet, ziehet, hebt!
Sie bewegt sich, schwebt.
Freude dieser Stadt bedeute,
Friede sei ihr erst Geläute.
Friedrich Schiller

Aufzug der Glocke

Geheimsache Glocke

Ulrich Stötzner (2009)

Die Glocke der Universitätskirche ist wieder da. Sie war vor der Sprengung geborgen worden und stand seit 1970 als stummes Zeugnis auf dem Universitätshof. Sie war das erste gerettete originale Ausstattungsstück, das zurückkehrte.

Normalerweise ist so etwas ein Fest. Die wiederkehrenden Glocken werden mit Blumen umkränzt. In Dresden standen Hunderttausende auf dem Neumarkt, als die Glocken der Frauenkirche kamen. Leipzig ist nicht Dresden. Hier ist die Glocke mit schwarzer (!) Folie umhüllt. Darunter die Inschrift: „Durchs Feuer flos ich. Georg Schesler zu Leipzig gos mich. Anno 1659 den II. May. Soli deo Gloria." Rektor Dr. Johannes Michaelis und der Vorsteher des Paulinerkollegiums Dr. Daniel Heinrici schenkten die Glocke der Universität zum 250. Gründungsjubiläum. Der jetzige Rektor ließ sich mit ihr fotografieren. Dann wurde sie ohne öffentliche Vorankündigung hochgezogen. Tausende Leipziger und auch die Gäste der Stadt hätten gerne zugesehen, wenn die Glocke auf den Turm schwebt.

Eigentlich sollte sie nach den Vorstellungen der Universitätsleitung wieder auf dem Innenhof postiert werden, so wie in der kommunistischen Ära. Der kluge Rat des Glockensachverständigen hat dies verhindert. Nun kann sie vom Turm erklingen und zum Gebet, zum Gottesdienst, zum Oratorium und zum akademischen Fest rufen.

Am 30. Mai 2012, dem Tag des Gedenkens an die Sprengung, erklang sie zum ersten Mal wieder nach 44 Jahren.

Anstehen vor dem Gottesdienst

Der erste Gottesdienst

Ulrich Stötzner

An eine Fertigstellung der Universitätskirche bis zur Jubelfeier im Dezember 2009 war nicht zu denken. Der Ministerpräsident und die Generalbundesanwältin hatten gesagt: „Und wenn wir in Gummistiefeln kommen, wir feiern da drin." So baute man für mehrere Hunderttausend Euro in den Rohbau eine Bühne, dazu Teppichboden, Bestuhlung und Großfotos der Epitaphien an den künstlichen Wänden im Langhaus. Eine hierin vorgesehene Festwoche wurde auf zwei Tage verkürzt, da die Einrichtung nicht länger bezahlbar war. Damit entfiel zunächst auch ein für Sonntag vorgesehener Festgottesdienst zum Jubiläum. Es war die Initiative des Paulinervereins, mit dem Bauherrn dennoch die Möglichkeit eines Gottesdienstes am zweiten Advent auf der Baustelle auszuloten und diesen zu organisieren, ohne Einbauten, sondern zwischen den rohen Betonwänden. Mit dem sächsischen Staatsbetrieb SIB wurde die zeitweilige Überlassung des Rohbaus mit einer Baustellenheizung und ohne Sitzgelegenheiten vereinbart.

In einer Vorbesprechung mit der Stadtverwaltung wurde verbindlich erklärt, dass von der Stadt keine Genehmigung für eine Veranstaltung auf der Baustelle Universitätskirche gegeben werden kann. Die Universitätsleitung untersagte die Benutzung des Westportals als Notausgang, weil dann – also nur im Notfall – die Besucher den universitätseigenen Hof hätten benutzen müssen. Zum Betreten der Universitätskirche wurde der seitliche Eingang vom Augustusplatz gestattet. Aufgrund der Abmessungen der zugewiesenen drei Notausgänge musste die Besucherzahl auf 700 begrenzt werden.

Die technische Durchführung des Gottesdienstes auf der Baustelle oblag nun dem Paulinerverein. Wir hatten zur Einhaltung der Sicherheitsvorschriften die Baustelle u. a. durch Kennzeichnung der Flucht- und Rettungswege zu den Notausgängen, Installation von Feuerlöschern sowie die Kennzeichnung von Gefahrenstellen wie Unebenheiten und Stolperstellen abzusichern. 200 Sitzgelegenheiten wurden durch uns bereitgestellt. Zwei offene Durchbrüche zum Keller wurden mit Tischplatten abgedeckt, zwei Theologiestudenten stellten sich während des Gottesdienstes schützend auf die Platten. Wegen eines Luftzuges zur mobilen Orgel, verursacht durch einen offenen Durchgang zum Augusteum, wurde kurzerhand ein größeres Tuch besorgt und der Durchgang damit abgedeckt.

Der Zugang über die Baustelle zum Seiteneingang war für die Besucher durch den Regen unzumutbar. So belegten wir den Weg vor Beginn des Gottesdienstes mit Holzplanken von einem Container der Baustelle. Damit konnten die Besucher trockenen Fußes – und ohne Gummistiefel – dem Gottesdienst beiwohnen.

Bereits eine Stunde vor Beginn standen mehr als 1000 erwartungsfrohe Menschen in einer Schlange die Goethestraße entlang im Regen. Etliche hatten kleine Stühle oder Hocker dabei. Nur 700 von ihnen fanden Einlass. Hunderte mussten leider draußen bleiben. Sie verfolgten das Geschehen im Inneren der Kirche dank der Videoübertragung auf dem Augustusplatz und feierten den Gottesdienst mit, tief bewegt, singend, bekennend, betend.

Siehe, ich stehe vor der Tür

CHRISTOPH MICHAEL HAUFE (2009)

In diesem Jahr sind wir unserem Ziel – der Wiedergewinnung der Universitätskirche – ein Stück näher gekommen. Nach jahrelangem Klagen, Bitten, Hoffen, Bangen, Beten und wiederholtem Bedrängen der für den Wiederaufbau Verantwortlichen erlebten wir einen Tag der Freude und Dankbarkeit mit dem Gottesdienst der Universitätsgemeinde am 2. Advent im Rohbau der neuen Universitätskirche. [...] Der Innenraum der Kirche war nackt und kahl. Die Bestuhlung vom Festakt der Universität war abgeräumt worden, so dass die meisten Besucher stehen mussten. Der Raum, in seiner Größe und Gliederung an die alte Kirche erinnernd, entbehrte trotz allem nicht einer gewissen Würde, denn es war am ursprünglichen Ort.

Auf der Linie, die den Altarraum mit dem Kirchenschiff verbindet, hatten Studenten einen Interimsaltar vorbereitet. Und hier ereignete sich, was alle tief ergriff. Den Dienstträgern voran wurde bei deren Einzug in die Kirche das Altarkreuz mit dem Gekreuzigten getragen, das in letzter Minute aus der alten Kirche hatte geborgen werden können. Auf dem Altar wurde es enthüllt und aufgerichtet, mit zwei geretteten Altarleuchtern zu seinen Seiten. Vielen Gottesdienstteilnehmern, die vor 41 Jahren dem bösen Geschehen der Vernichtung der Kirche hatten zusehen müssen, rannen die Tränen über das Gesicht – Tränen der Wehmut, des Dankes und der überströmenden Freude. Diese Freude war wie mit Händen zu greifen unter uns und sprach aus den biblischen Lesungen, der Predigt und der Bachkantate „Nun komm, der Heiden Heiland", die der Universitätschor sang, mit dem wie für diesen Tag gewählten Bassrezitativ: „Siehe, ich stehe vor der Tür und klopfe an. So jemand meine Stimme hören wird und die Tür auftun, zu dem werde ich eingehen ..."

Gebt uns diesen sakralen Raum zurück!

Dankwart Guratzsch (2009)[1]

Es sollte „nur" ein Gottesdienst sein, doch es wurde eine Demonstration. Die Leipziger haben ihre Paulinerkirche, die 1968 auf Walter Ulbrichts persönliche Anordnung gesprengt wurde, in einer überwältigenden Feier wieder in Besitz genommen. Für die Stiftung Universitätkirche St. Pauli zu Leipzig war es „diejenige Veranstaltung innerhalb der Jubiläumswoche der Universität Leipzig, die den mit Abstand größten öffentlichen Zuspruch hatte". Es war ein Gottesdienst im Rohbau, zwischen nackten Betonwänden, in einem schuhkartonartigen Raum, der bisher nur mit einer Behelfsdecke gedeckt ist. Noch fehlen die gotischen Säulen, das neue der Gotik nachempfundene Kreuzrippengewölbe, die Ausstattungsstücke, der Altar. Die Bauarbeiten ruhen. Das Architekturbüro des Holländers Erik van Egeraat ist pleite. Und wie es weitergeht mit dem Bau, ist zwischen Universität, sächsischer Regierung, Kirche, Studentengemeinde und Stiftung heiß umstritten. Universitätsrektor Häuser, ein „Wessi" mit 68er-Vergangenheit, wollte und will alles allzu „Kirchliche" aus dem Raum heraushalten und den Neubau als Aula nutzen. Dazu soll eine Trennwand zum Wegsperren des Altars eingezogen werden. Die Säulen will Häuser nach unten kappen, um eine „bessere Sicht" zu erhalten. Die Kirche und zahlreiche Leipziger Bürgervereine bestehen aber darauf, dass diese Eingriffe in das architektonische Konzept, mit dem der Holländer den Zuschlag für den Neubau erhalten hatte, unterbleiben. Und sie fordern, dass die barocke Kanzel (für Häuser ein „Scheißding") wieder hineinkommt. Auch wenn es in diesem Gottesdienst unausgesprochen blieb: Der riesige Zulauf zur ersten kirchlichen Feier im Nachfolgebau jener Kirche, die die Urzelle der 600 Jahre alten Universität war, wurde zu einem hoch emotionalen Bekenntnis zur Bestimmung dieses Gebäudes als Kirche. „Hätte jemand nach der Sprengung der Universitätskirche St. Pauli gesagt, auf diesem historischen Grund wird irgendwann wieder ein Got-

Martin Petzoldt
mit dem Altar-
kreuz aus der
alten Universi-
tätskirche

tesdienst stattfinden, dann wäre er für geisteskrank erklärt worden",
versuchte Peter Zimmerling, der zweite Universitätsprediger, die für
die 700 Menschen in dem unfertigen Raum noch immer kaum fass-
bare Wiedergeburt des Gebäudes zu würdigen. Um alle unterzubrin-
gen, waren sogar aus anderen Kirchen Bänke herangeschafft worden.
Doch viele fanden im Innenraum keinen Platz mehr und konnten die
Feier nur draußen auf dem Platz über Lautsprecher verfolgen. Als dann
Martin Petzoldt, der emeritierte Theologie-Professor und Erste Universitätsprediger, 41 Jahre nach der Sprengung feierlich das Kruzifix
zum provisorischen Altar trägt, läuft vielen in diesem Gottesdienst auf
der Baustelle ein Schauer über den Rücken. „Es war der bewegends-
te Augenblick", gesteht David Timm, der Leiter des Universitätschores. Am 28. Mai 1968, zwei Tage vor der Sprengung, hatte es Petzolds
theologischer Lehrer Dedo Müller aus dem todgeweihten Gotteshaus
geborgen. [...] Nur für Momente blitzt in dieser ganz auf Versöhnung
der Fronten gestimmten kirchlichen Feier auf, was für Gefühle hier auf-
gewühlt werden. So wenn es draußen fast zu Tumulten kommt, weil
nicht alle eingelassen werden. Und so auch, als sich Martin Oldiges, der
Stiftungschef und emeritierte Jurist, symbolisch vor jene Säule stellt, an
die dereinst die Kanzel kommen soll: „Das Geld für die Restaurierung
ist da." Es klingt wie ein Appell. Doch wird er gehört? [...] Höchst diplo-
matisch und versöhnlich gesagt will das nichts anderes heißen, als: Gebt
uns diese Kirche als das zurück, was sie immer war!

1   Erschienen in DIE WELT, 8. 12. 2009.

Gegenwart und Zukunft

D. O. M. S.
FILIÆ. KARISVMÆ.
IN. DECVS. GENTIS. SVÆ. NATÆ.
IOANÆ. MARGARETHÆ.
GENEROSI. DN. PAVLI. AB. HEINS-
BERG. IN. LOSA. ET. TREBEN.
ELECTORIS. SAX. CVBICVLARI.
ET. IN. REGIMINE. WVRZENSI. CONSIL
ARI. PRÆSVLATVS. ITEM. MISNENS.
CANONICI. CONIVGI.
DVOR. LIBERORVM. MATRI.
EHEV. DESIDERATI. SVMÆ.
MONVMENTVM. HOC.
P.
OB. TVRBATVM. MORTALITATIS. ORD
PARENTES. MOESTI SVMI.
CHRISTIANVS. LAVRENTIVS.
AB. ADLERSHELM. POTENTIS.
ELECT. SAX. A. CONSIL. CAM. LIPS.
SCABINATVS. AS E S. IT. CIV. CONS.
ET. IOANA. BECKERIA. A RO-
SENFELD. A. O. R. MDC. LXXIII.
C. O. B. Q.

Mülldeponie der Geschichte

Ulrich Stötzner

Ab Mai 1968 wurde Bauschutt in die Etzoldsche Sandgrube in Probstheida verkippt, zuerst die Trümmer der gesprengten Universitätskirche, danach die des Albertinums und die des Augusteums, schließlich der Baugrubenaushub für den Universitätsneubau. Später erfolgte die Aufschüttung eines Berges aus Bauschutt der Ostvorstadt und der Markuskirche genau über den Steinen der Universitätskirche, offensichtlich und erklärtermaßen in der Absicht, einen möglichen späteren Zugang zu den Trümmern der Universitätskirche zu erschweren bzw. unmöglich zu machen.

Über die Deponie liegen historische Recherchen in zwei Gutachten beim Umweltamt der Stadt vor. Es existiert ein Aufmaß (Katasterplan) der derzeitigen Situation beim Stadtvermessungsamt im Maßstab 1:1000. Im Tageriss 1:10 000 ist die Böschungsoberkante der Sandgrube vor der Deponierung dargestellt. Ferner liegen Luftaufnahmen von 1967, 1970, 1971 und 1973 im Maßstab etwa 1:5000 sowie vom Jahr 2000 in 1:2000 vor. 2006 erfolgte eine geophysikalische Kartierung der Depo-

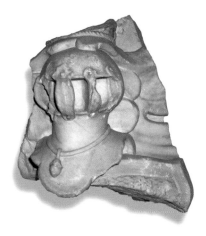

Epitaph für Johanna Margaretha von Heinsberg †1673, 1968 zerstört (links) und aus Deponie geborgenes Detail (s. Markierung in der Gesamtansicht)

nie. Danach ist die Lage der Trümmer, die von Interesse sind, erkennbar. Im Zusammenhang mit dieser Untersuchung wurden auch die Höhen ermittelt. Die Höhe der Aufschüttung beträgt demnach maximal 15 Meter über Gelände, die Tiefe der Sandgrube bis zum Liegenden maximal 12 Meter unter Gelände. Da das verbliebene Restloch kein Wasser führt, ist davon auszugehen, dass die Trümmer trocken liegen. Eine Verwitterung der Steine ist daher auszuschließen. Eine Öffnung der Deponie würde zunächst die Beseitigung der Aufschüttung (ca. 200 000 m³) voraussetzen. Danach kann eine gezielte archäologische Erschließung erfolgen. Dabei ist davon auszugehen, dass im oberen Teil vorwiegend wertloser Ziegelschutt und Holz lagern, während die favorisierten Stücke unten anzutreffen sind. Dies haben mehrere Zeitzeugen bei der Verkippung im Juni 1968 so gesehen. Mit Sicherheit sind folgende verwertbaren Stücke zu finden:

– Bruchstücke von ca. 20 in der Kirche verbliebenen Epitaphien und Grabsteinen
– Bruchstücke von den Figuren am Augusteum
– Werksteine aus dem Netzgewölbe der Kirche und des Kreuzganges
– Originale Fußbodenplatten
– Reste aus den Grüften, die sterblichen Überreste von 800 Leipziger Bürgern.

Der Verbleib von Särgen und Grabbeigaben ist nach wie vor unklar.

Da die Verladung der Trümmer mit einem großen Löffelbagger erfolgte und die Bruchstücke nicht weiter zerkleinert wurden, ist der Bestand vollständig und rekonstruierbar. Für eine dementsprechende Rekonstruktion existieren 3D-Programme. Die Größe einiger vorhandener Bruchstücke aus der Deponie beträgt zwischen 30 Zentimetern und über 1 Meter.

Eine Öffnung der Etzoldschen Sandgrube hätte sowohl einen archäologischen und kunstwissenschaftlichen als auch und vor allem einen hohen symbolischen Wert. Die Fundstücke könnten bei der künftigen Ausstattung der Universität und einer möglichen Teilrekonstruktion im Innern der Universitätskirche Verwendung finden. Im Blick auf die geschändeten Gräber könnte den Verstorbenen wenigstens ein Teil Ihrer Würde zurückgegeben werden.

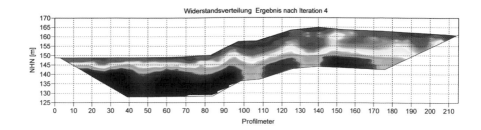

Widerstandsverteilung Ergebnis nach Iteration 4

Geophysikalischer Schnitt durch die Deponie der Etzoldschen Sandgrube. Verteilung des geoelektrischen Widerstandes im Vertikalprofil. Die Messung diente zur Lokalisierung der Ablagerung der Trümmer. (Quelle: K. Lorenz, Geophysik Support)

Eine Öffnung der Deponie ist technisch möglich und würde nach sachkundigen Überlegungen und uns vorliegenden Angeboten drei bis fünf Millionen Euro kosten.

Am 6. August 2010 begann die Stadt Leipzig mit dem Bau eines „Gedenkortes" für 450 000 Euro auf dem Trümmerberg. Diese aufwendige Gestaltung erschwert eine künftige Erschließung erheblich und war deshalb verfrüht. Sie führt die 1968 erklärte Absicht fort, die vergrabenen Überreste der gesprengten Universität und ihrer Kirche für alle Zeiten unzugänglich zu verdecken.

Zur gleichen Zeit, als die Stadt den Gedenkort bauen ließ, bemühte sich der Paulinerverein um die Kennzeichnung der einzigen nachweislich umgebetteten Grabstelle, die der Familie des Chirurgen Daniel Schmid. Wir verbinden damit symbolisch die Erinnerung an die Sprengung der Universitätskirche und die unmittelbar danach erfolgte Schleifung der schätzungsweise 800 Gräber, von denen 500 uns namentlich bekannt sind. Von der Abteilung Friedhöfe des Amtes für Stadtgrün und Gewässer der Stadt Leipzig wurde an den Paulinerverein die Idee herangetragen, das anonyme, aber urkundlich existierende Schmid-Grab zu ehren, indem es mit einem Grabstein und passenden Inschriften ausgestattet wird. Die Kosten wurden wie folgt aufgeteilt: Den Grabstein besorgte die Abteilung Friedhöfe. Sie übernahm auch die Montage- und Aufstellungskosten. Die Schrifttafeln besorgte der Paulinerverein für 3200 Euro. Die Abteilung Friedhöfe hat hierzu 500 Euro beigesteuert. Es ist das alleinige Verdienst von Dr. Günter Schmidt und Dr. Manfred

Wurlitzer, die mit Ausdauer und Energie das Projekt verwirklicht haben. Wesentliche finanzielle Unterstützung gab es durch eine Vielzahl von Beiträgen aus dem Paulinerverein, von den Freunden der Universitätskirche, von einzelnen interessierten Bürgern sowie einen namhaften Betrag von Mandatsträgern aus dem CDU-Kreisverband auf eine Initiative von Dr. Thomas Feist. Beiträge von angefragten Banken und Unternehmen blieben leider aus. So ist die Kennzeichnung dieser Grabstelle Ausdruck eines echten bürgerschaftlichen Engagements im Gedächtnis an die verlorene Universitätskirche.

Wir können nicht vor diesen Gräbern auf dem Südfriedhof stehen, ohne den Blick hinüber zur Etzoldschen Sandgrube zu richten, wo die sterblichen Überreste der vielen anderen verkippt wurden. Noch wissen wir nicht, wo die weißen Kindersärge verblieben sind, in die einige Verstorbene verbracht wurden. Zeitzeugen, die 1968 zum Schweigen verpflichtet wurden, schweigen immer noch.

Der Trümmerberg ist kein Friedhof, sondern eine Bauschuttdeponie. Ein Gedenkort auf der Schutthalde kann nicht die letzte Antwort auf das Verbrechen der Sprengung sein. Aufgrund der stadtgeschichtlichen und kunsthistorischen Bedeutung des Deponieinhalts bedarf die Etzoldsche Sandgrube früher oder später zwingend einer archäologischen Erschließung und wissenschaftlichen Aufarbeitung. Werner Schulz hat hierzu das Stichwort gegeben:

„Von der Hoffnung getragen, dass [...] unsere Enkel [...] es besser wieder ausgraben, was ihre Vorfahren versäumt haben. Vermutlich werden Heinrich Schliemanns Nachfahren staunen, was Kirchenschänder in den Etzoldschen Sandgruben verscharrt haben."[1]

1   Am 22. 9. 2010 in Leipzig.

Gedenkort auf dem Trümmerberg der Etzoldschen Sandgrube

Innenraum um 1830

Ein Bauwerk von hoher geschichtlicher Bedeutung

Erinnerungsarchitektur an der Stelle der Universitätskirche St. Pauli
HEINRICH MAGIRIUS (2010)

Die Sprengung der Universitätskirche St. Pauli am 30. Mai 1968 ist der traurigste Fall, den ich in meinem Beruf als Denkmalpfleger erleben musste. Hier wurde ein Bauwerk von hoher geschichtlicher Bedeutung für die Universität und die Stadt Leipzig, von außerordentlichem Interesse für die sächsische Kunstgeschichte dem Wahn von der Überwindung aller Traditionen durch die marxistische Ideologie und dem Wunsch nach deren Selbstdarstellung geopfert. Nur unter großen Schwierigkeiten konnten damals wenigstens wichtige, durchaus nicht alle Ausstattungsstücke, die Altarbilder, die Kanzel, liturgische Ausstattungsstücke sowie Epitaphe und Grabsteine, die an Persönlichkeiten der Leipziger Stadt- und Universitätsgeschichte erinnern, geborgen werden. [...]

Die Universitätskirche ist und bleibt vernichtet. Nichts kann den barbarischen Akt von 1968 wiedergutmachen. Dennoch bleibt nicht nur die Erinnerung an den Ort der Kirche. Geblieben sind auch die geretteten Ausstattungsstücke. Es ist dem Bauherrn der neuen Universitätsgebäude und dem entwerfenden Architekten Erick van Egeraat zu danken, dass der Neubau der Universitätsaula an der historischen Stelle an die Universitätskirche erinnern soll. Im neuen Universitätskomplex wird der historische Kirchenbau zu erkennen sein. Dass das neue Bauwerk im Äußeren auch aus dem Geist der neuen Architektur der Universität heraus geschaffen werden muss, ist verständlich.

Andere Anforderungen aber muss man an die Gestaltung des Innenraumes stellen. Hier sollten die historischen Voraussetzungen wieder deutlich zum Ausdruck kommen. Der Innenraum ist vom Bauherrn, dem Freistaat Sachsen, und vom entwerfenden Architekten Erick van Egeraat als „Erinnerungsarchitektur" konzipiert. Der langgestreckte, dreischiffige und mit der Andeutung eines Gewölbes versehene Raum soll an den spätgotischen Zustand der Kirche erinnern. Auch die zukünftige Nutzung lehnt sich an diese Tradition an: Der Raum soll als Gottesdienststätte, als Konzertraum und als Universitätsaula dienen. Der dreischiffige Hallenraum mit einem Chor, der nach der Tradition der Bettelordenskirchen gegenüber den Seitenschiffen abgeschrankt ist, sollte dem historischen Vorbild nachgestaltet werden. Der Chorraum eignet sich vorzüglich für kleine gottesdienstliche Feiern, die in Zukunft wieder hier stattfinden sollen. Seine seitlichen Schranken waren seit der Reformation, besonders aber seit ihrer Erhöhung im 19. Jahrhundert der angemessene Anbringungsort für die zahlreichen Epitaphe, die hier wieder ihren angestammten Platz finden sollten.

Der weitgehend in der vor 1968 vorhanden gewesenen Gestalt zu rekonstruierende Chorraum dürfte nicht vom Langhaus abgetrennt werden. Die baukünstlerische Einheit von Langhaus und Chor war für das Erlebnis des Innenraums wichtig. Das Langhaus soll in Zukunft auch als Aula der Universität dienen. Ein heute üblicher Mehrzweckraum wird aus dem weitgehend in der historischen Kubatur geplanten Raum aber keinesfalls. So wäre es nur konsequent, dem dreischiffigen Hallenraum auch die Reihen seiner Achteckpfeiler wiederzugeben. Ohne Pfeiler wirkt das Netzgewölbe als bloße postmoderne Spielerei. Gegen die Absicht, Erinnerungen an den alten Raum zu erwecken, spricht weiterhin die Idee, die Stützen durch Lichtsäulen zu ersetzen. Solche Effekte erscheinen meist schon nach wenigen Jahren überholt.

Der Gesamtraum wird zu kulturellen, vor allem musikalischen Veranstaltungen und zu Gottesdiensten genutzt werden. Jedenfalls wird er an der Westseite eine Orgel erhalten. Auch aus akustischen Gründen ist deshalb von einer Glaswand zwischen Halle und Chor abzuraten. Nicht zuletzt aber werden hier die 1968 unter schwierigen Bedingungen aus der Kirche geretteten Kunstwerke, vor allem mehr als 50 Epitaphe, Bilder und Skulpturen, die zurzeit mit großem Aufwand restauriert werden, museal gezeigt werden. Dazu gehört die 1738 von Valentin Schwarzenberger geschaffene hervorragend schöne Barockkanzel, die 1968 gerettet worden ist und wieder im Hallenraum aufgestellt werden muss. Auch das setzt die Wiederherstellung der Pfeiler voraus. Denkmalwert im Sinne des Denkmalschutzgesetzes sind allein diese historischen Kunstwerke. Sie müssen in dem neuen, aber dem historischen Zustand angenäherten Raum nicht nur konservatorisch verantwortbar, sondern auch ihrer kunsthistorischen Bedeutung entsprechend zur

Wirkung gebracht werden. Seit dem 18. Jahrhundert waren die Epitaphe und Bildwerke im Chorbereich konzentriert aufgestellt. Die Kanzel stand an einem der nördlichen Pfeiler.

Im Sinne der beabsichtigten Erinnerungsarchitektur wäre es falsch, den Chor als Gottesdienstraum und „Museum" vom Langhaus als „Aula" und „Konzertraum" durch eine Glaswand abzutrennen. Es käme vielmehr gerade darauf an, den gesamten Raum als einen historisch geprägten erlebbar zu machen. Dabei hat – das zeigen die Fotos aus der Zeit vor 1968 – die Kanzel eine entscheidende Rolle als Bindeglied zwischen dem Chor und dem Langhaus gespielt. Eine andere Stelle als die historisch vorgegebene ist für die Kanzel kaum denkbar. Es scheint völlig unverständlich, wenn heute die historische Kanzel nicht aufgestellt werden dürfte. Selbst in der Zeit der DDR gelang es, liturgische Ausstellungsstücke in zu Konzertsälen umgestalteten Kirchenräumen zu erhalten.

Verstärkt wird der „historische" Charakter des neuen Raums auch durch die auf einer Westempore vorgesehene Orgel. Deren Klangentfaltung wird allen Erfahrungen mit ähnlichen Glaswänden in Kirchenräumen zufolge wesentlich beeinträchtigt. Auch wenn die beabsichtigte Verwendung von Plexiglas (Polymethylmethacrylat) die zu erwartende Härte der Akustik vielleicht etwas mildern könnte, wird sicherlich die Wirkung der Raumakustik durch eine Wand ungünstig beeinflusst werden. Nicht zuletzt ist auch die Vorstellung, dass der Baustoff Glas deshalb, weil er durchsichtig ist, keine trennende Wirkung hervorriefe, völlig falsch. Das ist durch die Rolle, die „Glas" in der modernen Architektur gespielt hat, zu belegen. Bleibt das Argument für die Glaswand, nur mit einer solchen sei eine Klimatisierung des den Denkmälern zugestandenen Chorbereichs zu realisieren. Zu hoch geschraubte Anforderungen an ein konstantes Raumklima dieses Bereichs sollte man aber nicht stellen. Alle Erfahrungen lehren, dass gerade auf diesem Gebiet angeblich perfekte Lösungen häufig versagen. Je größer die Raumvolumina sind, desto eher sind Schwankungen der Luftfeuchtigkeit abzupuffern. In sehr vielen Kirchenräumen, die durch Menschenansammlungen beeinflusst und im Winter oft seit mehr als hundert Jahren in unterschiedlicher Weise aufgeheizt werden, befinden sich Kunstgegenstände aus Holz. Nirgendwo ist eine Vollklimatisierung möglich gewesen, auch wenn selbstverständlich alles getan werden muss, in jedem

Falle möglichst verträgliche Bedingungen zu schaffen. Aber es wäre ein Irrglaube, perfekte Bedingungen auch nur für einen beschränkten Bereich schaffen zu können, zumal dann jedes einzelne Objekt eigentlich sein eigenes Klima benötigte.

Schließlich möchte ich mich als Denkmalpfleger noch einmal entschieden für das Anbringen der Epitaphe an Wänden aussprechen. Die großenteils riesigen, in der Mehrzahl aus Stein gearbeiteten und stark in den Raum hinein wirkenden Objekte benötigen als Fond Wände, wie sie einst in der Universitätskirche mit den Chorabschrankungen vorhanden waren. Die Vorstellung des Architekten, die überlieferten Denkmale gleichsam freischwebend im Raum zu zeigen, widerspricht jeder Einsicht in ihre adäquate ästhetische Wirkungsweise. Hätte der Architekt ein Bauwerk geschaffen, das von jeder Erinnerung an die historische Vorgegebenheit absähe, könnte man sich vielleicht ein solches Spiel mit neuartigen ästhetischen Effekten vorstellen, nicht aber in einem Bauteil, der auch durch seine Nutzung als Kirchenraum ausdrücklich an die ehemalige Universitätskirche St. Pauli erinnern soll.

Sowohl für den Architekten als auch für den Bauherrn sollten bloße Prestigefragen gegenüber den hier dargestellten Sachfragen zurückgestellt werden. Diesmal sollte sich der Wille zur Selbstdarstellung nicht unbedingt durchsetzen. Die Wehmut über das Verlorene müsste zu einer gewissen Demut führen, die notwendig ist, um an Vergangenes glaubhaft erinnern zu können. Wenn es gelänge, die Trümpfe im Spiel um Effekthascherei noch einmal beiseitezulegen, hätten die Stadt Leipzig und ihre Universität ihr kulturelles Ansehen bewahrt, das hier ernstlich gefährdet erscheint.

Vertane Chance

Konzept für den archäologischen Wiederaufbau des Innenraumes

YORK STUHLEMMER (2010)

Inhalt dieser Studie ist die Untersuchung, in welchem Umfang der Wiederaufbau des Innenraums der Universitätskirche St. Pauli zu Leipzig architektonisch möglich ist. Es war zu prüfen, inwieweit der Ansatz eines archäologischen Wiederaufbaus unter weitgehender Akzeptanz des vorhandenen Rohbaus durchführbar ist. Es war zu untersuchen, in welcher Weise für sämtliche noch vorhandene historische Ausstattungsstücke ein würdiger und authentischer Rahmen geschaffen werden kann.

Der Architekt des Universitätsneubaus, Erick van Egeraat, hat für den historischen Ort von St. Pauli eine freie Interpretation der verlorenen Kirche entworfen. Die in expressionistisch-modernen Formen gehaltene Hülle ist von der Kubatur her an das verlorene historische Vorbild angelehnt, aber ohne direkten Bezug in den Einzelformen.

Im Inneren sind die Bezüge zum Vorbild stärker, aber es gibt signifikante Änderungen. Die wichtigste Änderung betrifft die Grundhaltung. Es ist an keiner Stelle ein direkter Nachvollzug der Einzelheiten des Vorbilds intendiert. Im Grundriss ist der Chor von vier auf drei Joche verkürzt. Das Langhaus ist neben der Orgel um ein halbes Joch Tiefe eingekürzt. Zwischen Langhaus und Chor ist eine ein halbes Joch breite Zwischenzone eingeführt, eine Fuge, die zudem wandhoch verglast ist. Dieser Entwurf ist als Betonrohbau vorhanden.

Die Interpretation van Egeraats bedeutet in der Konsequenz den Verzicht auf die Komplexität und gestalterische Dichte der historischen Universitätskirche. Durch die in modernen Formen gehaltene und bereits fertiggestellte Hülle ist ein Nachvollzug der historischen Formenwelt im Sinne eines archäologischen Wiederaufbaus nur noch im Inneren des Gebäudes möglich. Das Vorhaben würde sich einfügen in den allgemeinen Trend zum Wiederaufbau verlorener historischer Gebäude, wobei in diesem speziellen Fall eine Umkehrung des – oft beklagten – fassadenorientierten, kulissenhaften Wiederaufbauens vorliegt.

Wir schlagen vor, der verfremdenden Interpretation des Baukörpers der historischen Universitätskirche durch van Egeraat im Inneren des Gebäudes das Konzept des originalgetreuen archäologischen Wiederaufbaus entgegenzusetzen. Die Prioritätensetzung liegt zunächst in der grundsätzlichen Wiedergewinnung des Raumeindrucks, nachfolgend in der Verfeinerung der Oberflächen einschließlich des Einbaus der geretteten Ausstattungsstücke. Für durchaus möglich halten wir eine schrittweise Annäherung an die legendäre atmosphärische Dichte des Vorbilds. Das Mittel dazu wäre eine selbständige architektonische Sprache, die einen Abstand wahrt zu kurzlebiger Modernität und aufgesetzten Effekten.

Die zeichnerische Untersuchung des Bestands hat ergeben, dass die Einfügung der überlieferten Grundrisse in den gegebenen Rahmen des Van-Egeraat-Baus weitgehend möglich ist, Grundsätzlich gelingt die Einpassung der historischen Strukturen in den vorhandenen Betonrohbau mit einem Minimum an Eingriffen in die vorhandene Tragstruktur. Angestrebt ist eine möglichst vollständige Integration der geretteten Originalteile am überlieferten Ort. Notwendig sind dazu maßgeschneiderte ästhetische Konzepte für alle Raumkompartimente.

Archäologischer Wiederaufbau
des Innenraumes, Längsschnitt

Vom Grundsatz her wird man die bereits fertiggestellten Teile des Außenbaus als ein Gegebenes annehmen müssen, um eine genügend starke Konzentration auf den Innenbereich zu ermöglichen. [...] Zusammen mit Schinkeltor und Leibniz-Denkmal ergäbe das einen sinnreichen Dreiklang historischer Bezüge vor modernem Hintergrund.

Es besteht die Chance, den Innenraum der zerstörten Leipziger Universitätskirche weitestgehend wiederzugewinnen. In Teilbereichen gibt es Einschränkungen durch den bestehenden Rohbau, die aber für die Gesamtwirkung als nicht gravierend anzusehen sind und durch maßliche Anpassungen der historischen Raumfigur integriert werden können. Für die in größerer Zahl noch vorhandenen historischen Ausstattungsstücke würde durch die Wiederherstellung des ursprünglichen Kontextes ein würdiger und authentischer Rahmen geschaffen werden. Die Lesbarkeit des Gesamtkomplexes der Leipziger Universität würde verbessert werden, wenn zumindest anhand eines Bauteils erfahrbar würde, dass die Alma Mater eine 600-jährige Geschichte hat. Mit den umgebenden Neubauten würde am historischen Ort auf diese Weise ein Dialog beginnen können. Die Funktionalität des historischen Raumes als Aula wie als Kirche beruht auf zeitlicher anstatt räumlicher Abgrenzung und ist durch die historische Erfahrung belegt.

1   Machbarkeitsstudie im Auftrag des Paulinervereins. Stuhlemmer Diplomingenieure Architekten für Denkmalpflege. Berlin 17. 2. 2010, unveröffentlicht.

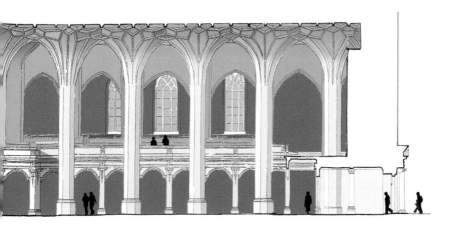

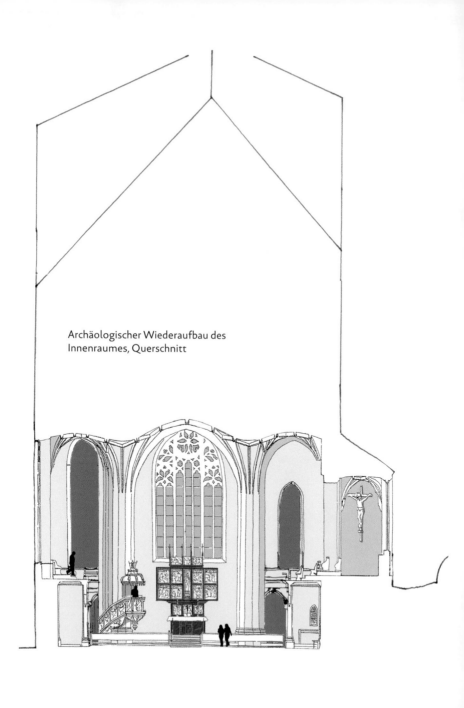

Archäologischer Wiederaufbau des
Innenraumes, Querschnitt

Wir Gottlosen?

ERICH LOEST (2011)[1]

In meinem Leipzig wird seit 1990 ein Kirchenkampf erbittert ausgetragen, er gilt dem Wiederaufbau, Nachbau oder Nichtbau der von den Kommunisten 1968 gesprengten Universitätskirche. Eine radikale Forderung zunächst: Die Kirche sollte aus Ziegeln und Granitsteinen des ursprünglichen jahrhundertealten Baus, die in einer Sandgrube, vermischt mit Gebeinen und Balken [...] liegen, wiedererrichtet werden. Der Gegenentwurf: eine schlichte Betstube zwischen Fahrradgarage und Treppenhaus. Jahrelang ging es hin und her [...].

Als in Dresden die Frauenkirche geweiht wurde, hing genau dort, wo der Giebel der Paulinerkirche geragt hatte, ein Lappen, auf dem stand: „Leipzig ist nicht Dresden, Gott sei Dank." Das störte keinen der Verantwortlichen der Stadt, nicht das Rektorat, keine Partei einschließlich der CDU und noch nicht einmal die Studenten und Professoren der Theologischen Fakultät.

Als Hauptgegner der Auferstehung des zerstörten Kirchenbaus galt jahrelang der damalige Rektor Franz Häuser, der andererseits eine riesige Marxbronze heftig verteidigte. Neulich erkannte Häuser überraschend an, vor allem bei religiös gebundenen Menschen habe die Sprengung von 1968 Wunden geschlagen, die sich wohl nie schlössen – nur der Wiederaufbau hätte Heilung bedeutet. Für die Universität habe indes die säkulare vor der sakralen Nutzung gestanden. Ihn quäle die Frage, so Häuser zerknirscht, wie es geschehen konnte, dass die Universität in der allgemeinen Wahrnehmung in eine antikirchliche Ecke geraten sei. Nicht nur ich rieb mir die Augen. Wird sich Häuser, ein frischer Paulus, fürderhin für die Interessen der Paulinerkirche engagieren? Ein alter Spontispruch könnte abgewandelt werden: „Die schärfsten Kritiker der Elche werden später selber welche."

1 Erschienen auf: ZEIT online 26. 5. 2011.

In der Bronzebildgießerei Noack wird
das Kirchenmodell bearbeitet

Ein Bronzemodell erinnert an die gesprengte Universitätskirche

Wilfried Richard

Hier baut der Freistaat Sachsen – Neubau Hauptgebäude – Großer Hörsaal – Aula". Dieses Bauschild ließ das Land Sachsen 2008 zu Beginn der Bauarbeiten für die Universitätskirche und das Augusteum nach den Entwürfen von Erick van Egeraat auf dem Augustusplatz innerhalb des Bauzaunes aufstellen. Es fehlte aber der Begriff „Kirche". Er wurde nach Intervention des Paulinervereins durch den Bauherrn nachträglich hinzugefügt.

Um der Öffentlichkeit deutlich zu machen, dass sich an dieser Stelle die im Jahre 1968 gesprengte Universitätskirche befand, schlugen wir vor, innerhalb des Bauzaunes eine eigene Informationstafel aufzustellen. Sie enthielt ein historisches Foto der Universitätskirche vor der Sprengung 1968. Die Stadtführer nutzten sie, um ein Stück Leipziger Geschichte anschaulich zu machen.

Im Jahre 2009 musste die Tafel wegen anderweitigen Platzbedarfs entfernt werden. Das Tiefbauamt der Stadt Leipzig genehmigte einen

günstigen Standort für eine neue Informationstafel mit Blickbeziehung zum Neubau. Der Text wurde 2012 aktualisiert. Nun enthielt er die Forderungen: „Das Unrecht der Sprengung ist erst überwunden durch die Wiedergewinnung der Universitätskirche St. Pauli am historischen Ort. Der Nachfolgebau soll nicht nur äußerlich an die zerstörte Kirche erinnern, sondern neben der Doppelfunktion als Aula der Universität und Universitätskirche mit Altar und Kanzel, aber ohne trennende Glaswand, seiner historischen Bedeutung für das Leipziger Musik- und Geistesleben wieder gerecht werden."

Im August 2012 wurde die Aufstellung der Informationstafel durch die Stadt Leipzig gekündigt. Die „Bürgerinitiative für eine weltoffene, weltliche, autonome Universität Leipzig" hatte am 1. Juni 2012 an den Oberbürgermeister einen offenen Brief geschrieben und gebeten, die Tafel entfernen zu lassen. Begründung: Der Paulinerverein rufe mit einer „Meinungskundgebung" zur Attacke auf die Auffassungen der Stadt, der Universität und des Landes auf. Durch einen Widerspruch konnte dies um ein Jahr bis zum Herbst 2013 hinausgezögert werden. Für sechs Jahre war dank unseres Wirkens somit die Erinnerung an die zerstörte Kirche auch öffentlich sichtbar.

Auf eine Anregung unseres Ehrenmitglieds Dr. Günter Fritzsch hin beschloss der Vorstand des Paulinervereins, ein Bronzemodell der 1968 gesprengten Universitätskirche im Maßstab 1:100 errichten zu lassen. Durch ein Zusammenwirken von Vertretern der Stadt, der Universität, des Stadtrates sowie des Blinden- und Sehbehindertenverbandes Sachsen e.V. konnte ein Antrag der CDU-, SPD- und Bürgerfraktion für ein Bronzemodell der historischen Universitätskirche neben einem Modell der neuen Universitätskirche – beides mit Brailleschrift – zur Aufnahme in die Ratsversammlung eingebracht werden. In der Sitzung des Stadtrates am 21. Mai 2014 wurde die Aufstellung beschlossen. Die Stadt Leipzig erklärte sich bereit, die vorbereitenden Arbeiten und die Neugestaltung des Modellumfeldes zu übernehmen. 2015 wird das historische Bronzemodell aufgestellt.

Weltoffenheit

Frank Zöllner, Dekan der Fakultät für Geschichte, Kunst- und Orientwissenschaften, im Interview über Kirchenbau

*E*s geht hauptsächlich um Rückzugsgefechte im Rahmen der Auseinandersetzung, ob auf dem Universitätscampus eine Kirche rekonstruiert wird oder etwas Neues entsteht. [...] Der eigentliche Skandal ist doch, dass [...] im Prinzip zumeist ältere Herren mit Blick auf ihre Befindlichkeit und Vergangenheit die Debatte bestimmen. [...] Als Christ hingegen sage ich, das Christentum ist eine Religion der Versöhnung und damit der Toleranz, daher sollte eine christlich verwurzelte Gemeinschaft einen konfessionell offenen Raum tolerieren, ja sogar fordern, das unterscheidet uns von den Taliban.*
LVZ 16. Oktober 2008

Zu den markanten Bauvorhaben der Stadt gehören das Paulinum und bald auch die neue katholische Kirche. Wie sehen Sie im Vergleich diese beiden spektakulären Bauten?
Den Außenbau des Paulinums finde ich ästhetisch in Ordnung. Er erfüllt seine Funktionen als ‚Sühnebau‘, als Erinnerungsort und als zeitgemäßer Akzent am Augustusplatz. Im Innern die Säulen und die Netzgewölbe sind alles andere als authentisch; böse Architekturkritiker sprechen von Baukitsch. Als authentische Architektur des 21. Jahrhunderts erscheint mir der Neubau der katholischen Kirche etwas überzeugender, vom Gestus her aber auch bescheidener. Er ist zudem ein wichtiges Element der Stadtreparatur, denn er wird eine der letzten großen Bombenbrachen schließen. Paulinum und katholische Kirche stellen moderne Lösungen dar, womit Leipzig seinen oft zwanghaften Blick in die Vergangenheit umdreht und nach vorn blickt. [...] Den Stand einer Kultur erkennt man meistens recht zuverlässig an ihrer Baukultur.
Ist es nicht trotzdem erstaunlich, dass sich eine Stadt mit überwiegend atheistischer Einwohnerschaft an so einer dominanten Stelle wie dem Platz vis-à-vis dem Rathaus eine neue Kirche leistet?
Wieso erstaunlich? Es zeigt sich doch überdeutlich, dass die nichtchristliche Mehrheit dieser Stadt den Kirchenbau nicht nur duldet, sondern ihn sogar

feiert. Das ist Toleranz und Weltoffenheit in großem Stil. Ich würde mir nur wünschen, dass sich diese Toleranz auch mit dem Paulinum ganz konkret äußerte, indem es eben in ihm einen überkonfessionellen[1] Andachtsraum gäbe. So lautet die Forderung der Studentenschaft, sie wurde aber nie ernsthaft in Erwägung gezogen. Das finde ich sehr schade. Ein solcher Andachtsraum wäre eine in die Zukunft weisende Geste. Leipzig will, ja muss die internationalen Eliten anziehen, und die zieht man nur an, wenn man weltoffen ist, gerade auch in Fragen des Glaubens.

Sie stört Leipzigs allzu häufiger Blick in die Vergangenheit?

Auch das muss sein, wenn ich nur an das Karl-Marx-Relief denke, das heute an den Rand gestellt sein Dasein fristet. Es hätte eigentlich in die Stadtmitte gehört und wäre damit sogar eine Touristenattraktion geworden. Man muss sich doch immer fragen, wie viele Alleinstellungsmerkmale so eine Stadt hat, und da gehört für Leipzig auch das Marx-Relief dazu. Chemnitz ist uns da Lichtjahre voraus. [...]

LVZ 22. Dezember 2009

1 Anm. der Verfasser: Die Universitätskirche war „überkonfessionell" genutzt und soll auch in Zukunft wieder Heimstatt der evangelischen und der katholischen Studentengemeinde sein. Aber vielleicht wird hier „überkonfessionell" mit „interreligiös" verwechselt.

Noch einmal: Weltoffenheit

Ein Leserbrief an die LVZ
Natalie K. Watson, Peterborough, uk (2012)

Sie berichteten in Ihrer Ausgabe vom 30. 10. 2012: „Die Universität will die Glaswand dagegen einbauen lassen, damit die Uni-Aula auch für Studenten mit atheistischen Weltanschauungen und mit anderen Glaubensbekenntnissen ohne Vorbehalte nutzbar ist."
In meiner Erfahrung erleben Studierende anderer Kulturen und Weltanschauungen es eher als Bevormundung, wenn wir als Gastgeber entscheiden, welche Aspekte unserer Kultur sie erleben sollen und welche ihnen nicht zuzumuten sind. Viele britische Universitäten führen ihre Graduierungszeremonien in Kathedralen und großen Kirchen durch, was nicht etwa heißt, dass diese Feiern selbst einen religiösen Charakter haben. In Peterborough, einer multikulturellen Stadt in Ostengland, wo ich seit etwa zehn Jahren lebe, findet jährlich die Schulabschlussfeier der amerikanischen Schule in der Kathedrale statt. Als die Schule dies vor einigen Jahren aufgrund der strengen Trennung von Kirche und Staat in den USA ändern wollte, gab es einen Aufschrei unter den Schülern und deren Familien, die diese Feier in der Kathedrale erleben wollten. Jede Woche besuchen Schulkinder aller Nationen und Weltanschauungen die Kathedrale, und ich habe muslimische Freunde, die bewusst in die christliche Kathedrale kommen und es als Beleidigung empfinden würden, wenn man ihnen dies vorenthalten würde. Der jährlich gewählte Bürgermeister ist auch oft muslimischen Glaubens und wird genauso in der Kathedrale in sein oder ihr Amt eingeführt wie alle anderen, die dieses Amt innehaben, gleich welcher Religion oder Weltanschauung sie angehören.
Viele ausländische Studierende kommen aus Ländern und Kulturen, in denen offener Dialog zwischen verschiedenen Weltanschauungen nicht selbstverständlich ist. Gehört es nicht zum Bildungsauftrag einer Universität, das Zutrauen zu einem solchen offenen Dialog und der

Begegnung mit der kulturellen Tradition als ganzer, einschließlich der religiösen Aspekte, zu vermitteln?

Der Einbau einer Glaswand zwischen Aula und Altarraum symbolisiert meiner Ansicht nach eine Ausgrenzung der Religion und damit der kulturellen Tradition, aus der Musiker wie Bach und Mendelssohn, Philosophen wie Leibniz und Gadamer und Naturwissenschaftler wie Tycho Brahe und Werner Heisenberg hervorgegangen sind.

Hervorragende Akustik

Offener Brief zu Innenraumgestaltung und Raumakustik (2012)

Sehr geehrter Herr Ministerpräsident,
die 1968 gesprengte Universitätskirche in Leipzig war über Jahrhunderte ein bedeutender Ort des Musiklebens der Stadt. [...] Die Leipziger Universitätsmusik genießt nach wie vor ein hohes Ansehen in der nationalen und internationalen Musikwelt.

Im Jahr 2004 kam mit dem ursprünglichen Entwurf des Architekten van Egeraat neue Hoffnung auf, mit dem Bauteil Aula/Kirche auch einen Konzertsaal für höchste Ansprüche und eine verlorene Bachstätte wiederzugewinnen. Im Qualifizierungsverfahren wurde für den Neubau deshalb eine hervorragende Akustik gefordert.

Nach den Erfahrungen zweier Gottesdienste ist die Raumakustik im Rohbau der neuen Universitätskirche erstaunlich gut. Es bestehen jedoch Befürchtungen, dass sich die Akustik durch den vorgesehenen Innenausbau, insbesondere den Einbau einer Acrylglaswand zwischen Chor und Langhaus, die Form des Deckengewölbes und Glassäulen anstelle von Steinpfeilern, erheblich verschlechtern wird. Im Auftrag der Universität erstellte raumakustische Gutachten weisen auf schwerwiegende, sich aus den Architektenentwürfen ergebende akustische Probleme hin, z. B. zu hohe Nachhallzeit, mangelndes räumliches Musikerlebnis, Gefahr von Flatterechos durch die geplante Glaswand. Der Einbau der Schwalbennestorgel hinter einem feststehenden Glaswandsegment würde ferner dazu führen, dass es im Langhaus keinen Direktschall von diesem Instrument geben kann.

Eine Innenraumgestaltung, die zu einer Beeinträchtigung der Raumakustik führt, ist nicht verantwortbar. Für die Klangkörper der Universität und universitätsexterne Veranstalter, wie das international hoch beachtete Bachfest, den Thomanerchor oder den Mitteldeutschen Rundfunk wäre sie unzumutbar. Eine unzureichende Raumakustik wäre verhängnisvoll und stünde im krassen Widerspruch zur Wettbewerbsvorgabe.

Die Unterzeichnenden bitten Sie, Herr Ministerpräsident, mit der Autorität Ihres Amtes dafür Sorge zu tragen, dass dieser Fall nicht eintritt und Schaden vom Freistaat, von der Universität und von der Musikgemeinde abgewendet wird.

Mit vorzüglicher Hochachtung

Prof. Georg Christoph Biller
Prof. Herbert Blomstedt
Prof. Ludwig Güttler

Aus der Antwort des Staatsministeriums der Finanzen vom 4. 4. 2012: „Die Aula/Kirche soll multifunktional genutzt werden. [...] Die Schaffung einer ‚hervorragenden Akustik' muss sich daher im Rahmen dieser Ausgangsvorausetzungen bewegen."

Gegen die Wand

CHRISTIAN WOLFF (2012)

Am vergangenen Freitag (dem 26. Oktober 2012) wurden in den frühen Morgenstunden Teile der Glaswand in die neue Universitätskirche transportiert. Offensichtlich soll nun die Glas- nein: die Acrylwand gegen allen Sachverstand eingebaut werden. Denn alle, die die neue Universitätskirche gottesdienstlich und musikalisch nutzen werden, halten die Glaswand für schädlich: seien es die Universitätsgemeinde, der Universitätsmusikdirektor, der Universitätsorganist oder die vielen international renommierten Künstler, die sich entsprechend geäußert haben. Jeder weiß, dass die Glaswand in absehbarer Zeit wieder ausgebaut werden wird – es sei denn, der Freistaat Sachsen und die Universitätsleitung werden in jeder Form wortbrüchig und machen aus

Anlieferung der Glaswand (links), Umfrageergebnis der Leipziger Volkszeitung vom 13. Oktober 2008

215

dem Chorraum der neuen Universitätskirche ein in sich abgeschlossenes Museum. Auch das ist ja nicht ausgeschlossen nach allem, was geschehen ist.

Die Glaswand ist ein architektonischer, akustischer und klimatischer Unsinn:

architektonisch, weil es den Einfall, nämlich durch den Glasstreifen im Dach eine sichtbare „Trennung" des Chorraums vom Langhaus vorzunehmen, ohne dass damit die beiden Raumteile wirklich getrennt sind, konterkariert [...]

akustisch, weil die beiden Orgeln nicht auf zwei Raumszenarien intoniert werden können, und für große Aufführungen die Glaswand in jeder Weise hinderlich ist;

klimatisch, weil Orgeln das gleiche Klima benötigen wie Epitaphe oder der Pauliner-Altar [...]

So realisiert sich auf dem Boden der Alma Mater ein Schildbürgerstreich, der seinesgleichen sucht. Er ist nicht nur teuer, sondern auch würdelos – so würdelos, wie die ganze Planung des Innenausbaus dieses an sich wunderbaren Gebäudes. Bleibt der bittere Nachgeschmack, dass die Institution, die eigentlich die Führungskräfte unserer Gesellschaft für morgen ausbildet, bewusst versäumt einen Ort zu schaffen, an dem sich Wissenschaft im Kontext religiöser Fragestellungen und Überzeugungen der öffentlichen Debatte und Kritik aussetzt. Mit der Glaswand wird ein großartiger Bau, die neue Universitätskirche St. Pauli, im wahrsten Sinn des Wortes gegen die Wand gefahren.

„Die geistige und geistliche Spiritualität dieses Ortes wird von den Menschen bestimmt werden, die sich seiner annehmen. Geschieht dies – und hier bin ich guter Dinge – wird keine Glaswand dieser Welt den guten Geist verhindern, den dieser Ort ausstrahlt."
Burkhard Jung, Oberbürgermeister, am 2. Oktober 2008

Abgekanzelt

Ulrich Stötzner

B *itten wir Sie noch einmal um Auskunft, was mit den für die Denk-*
malpflege wichtigsten Ausstattungsstücken, nämlich dem Altar und
der Kanzel, geschehen soll. An der Wiederverwendung dieser Stücke
(...) ist uns ja insbesondere gelegen." Chefkonservator Professor Hans Nadler am 15. April 1981 in einem Brief an die Universität

In der Leipziger Wirkungszeit Johann Sebastian Bachs wurde 1738 eine neue Kanzel für die Universitätskirche von Valentin Schwarzenberger, einem Meisterschüler Balthasar Permosers, geschaffen. Es ist eine künstlerisch herausragende Leistung, in ihrer barocken Formensprache und filigranen schnitzerischen Ausführung von hoher Qualität.

Bis zur Zerstörung der Universitätskirche 1968 war die Kanzel im Mittelschiff an einem Pfeiler der nördlichen Reihe angebracht. Sie wurde wie auch der Altar und ein großer Teil der Epitaphien innerhalb einer Woche vor der Sprengung aus der Kirche gerettet. Der gewaltsame Ausbau bei der Bergung hatte jedoch starke Schäden an den vormals zusammenhängenden Baugruppen zur Folge. Dennoch ist es heute, 47 Jahre nach der Vernichtung der Universitätskirche, als ein großes Glück anzusehen, dass es gelang, die Kanzel vor der Sprengung unter enormem Zeitdruck vollständig zu bergen.

Neben dem genannten hohen kunsthistorischen Wert ist sie allein durch die bedeutenden Prediger ein geschichtsträchtiges Symbol. Zwischen 1910 und 1912 dürfte Nathan Söderblom auf dieser Kanzel gestanden haben. Es sind weitere bekannte Personen aus dem 20. Jahrhundert zu nennen, wie Franz Lau, Hanns Bardtke, Dedo Müller, Ernst Sommerlath, der von den damaligen Machthabern ins Gefängnis geworfene Studentenpfarrer Siegfried Schmutzler, Pater Gordian, Ernst-Heinz Amberg und zuletzt der Rundfunkpfarrer Heinz Wagner,

die in ihren Predigten während zweier Diktaturen durch eine klare Verkündigung von dieser Kanzel das freie Wort gegen den jeweils herrschenden Zeitgeist setzten.

Die Universität Leipzig ist Eigentümerin der Kanzel, jedoch hat die Evangelisch-Lutherische Landeskirche ein Nutzungsrecht an diesem unzweifelhaft zum gottesdienstlichen Gebrauch gewidmetem Stück. Solcherart gewidmete Einrichtungs- und Ausstattungsgegenstände haben einen Sonderstatus. Das entscheidende Merkmal ist die öffentliche Sachherrschaft. Der Eigentümer ist zur Duldung des der öffentlichen Zweckbestimmung entsprechenden Gebrauchs durch den Inhaber der öffentlichen Sachherrschaft oder die Allgemeinheit verpflichtet. Er darf die Sache weder zerstören noch sonst beeinträchtigen (vgl. Res sacrae).

Der Paulinerverein hatte sich bereits 2005 verpflichtet, für die Finanzierung der Restaurierung Sorge zu tragen und Spenden einzuwerben, da die Universität nicht über die erforderlichen Mittel verfügte. Die Wiederaufstellung der historischen Kanzel ist über ihre Bedeutung für die Universität und für die Landeskirche hinaus auch für die Stadt Leipzig, die Bürger der Stadt und deren Gäste von hohem symbolischen Wert. In Anbetracht ihrer Funktion als Predigtstätte in der Zeit von Kirchenkampf und geistiger Unterdrückung ist sie ein Symbol des freien Wortes gewesen. Auch und gerade deshalb engagieren wir uns für dieses Kunstwerk.

Einen peinlichen Auftritt leistete sich der StudentInnenrat zu den Gedenkfeiern am 30. Mai 2014. Auf Transparenten war zu lesen: „Die Kanzel wird für einen Preis von 104.200.000 Euro feilgeboten und eignet sich, dem aktuellen Nutzungskonzept zufolge, insbesondere für klassische Predigten, aber auch für DJ_ane-Sets, Aufführungen eines Puppentheaters und den Getränkeausschank auf einer Veranstaltung. [...] Nicht auszudenken, was mit einer Kanzel bei der nächsten Besetzung oder bei einer ausgelassenen Festivität passieren könnte.“

Barockkanzel von Valentin Schwarzenberger, 1738

Transparent des Studentenrates zur Gedenkfeier am 30. Mai 2014

„*Materiell ist ihre [der Kanzel] Wiederherstellung möglich [...]. Ihre Wiederverwendung ist grundsätzlich wünschenswert [...]. Sinnvoll ist eine Integration der Kanzel in die neue Aula vor allem dann, wenn eine Nutzung als Predigtpult in Aussicht steht.*"
Kunstkonzept der Universität, Juni 2005

„*Für die historisch wertvolle Kanzel [...] gelte, dass im lutherischen Sinne die Kanzel nicht allein der geistlichen Rede vorbehalten sei, sondern überhaupt die Bedeutung des freien Wortes symbolisiere und daher auch für Vorträge genutzt werden könne.*"
Landesbischof Jochen Bohl, März 2008

„*Die Barockkanzel steht aus finanziellen Gründen an letzter Stelle.*"
Rektorin Prof. Dr. med. Beate A. Schücking, in der LVZ vom 29./30. Dezember 2012

Schalldeckel der Kanzel im Depot

„Gerettete Kunstgegenstände können letztlich erst dann als gerettet betrachtet werden, wenn sie auch in ihrer ursprünglichen Nutzung wiedergewonnen sind."

Prof. Dr. Klaus Fitschen, Dekan der Theologischen Fakultät, 30. Mai 2013

„Die Kanzel, die aus dem 18. Jahrhundert stammt, dort einfach in ein Klima reinzusetzen, wo Sodom und Gomorra herrscht, wo also dann Schwankungen von 10–20 % pro Tag drin sind, und bei jeder Nutzung wird das Ding hochgeheizt und wenn es leer ist, ist es sich selbst überlassen, das ist der Härtetest. Also man würde das Ding – man könnte sich zu der These versteigen – dass es dann Vernichtung durch Nutzung ist. Es wird also buchstäblich zu Tode geliebt."

Kustos Prof. Dr. Rudolf Hiller von Gaertringen im MDR-Fernsehen artour am 6. Juni 2013

„Aus Sicht der Landeskirche ist die seinerzeit vor der Zerstörung gerettete Kanzel kein musealer Gegenstand. Denn im Paulinum, Aula und Universitätskirche St. Pauli werden Gottesdienste stattfinden, in denen die Kanzel als Ort geistlicher Rede gebraucht wird. Darum kann Ziel ihrer Restaurierung nur die Aufstellung und zweckentsprechende Nutzung sein."

Landesbischof Jochen Bohl, 23. März 2014

Modell der Barockkanzel im
Kirchenschiff des Neubaus

Die Wahrheit des Diesseits

Ansprache am 30. Mai 2013 zum Gedenken an die Sprengung
der Universitätskirche

ULRICH STÖTZNER

Während wir der sinnlosen mutwilligen Zerstörung vor 45 Jahren
gedenken, wird weiter gebaut und schreitet das Werk nun langsam der Vollendung entgegen. Von außen scheint es weitgehend akzeptiert und wird von Vorübergehenden schon als neue Universitätskirche
wahrgenommen.

Im Innern ist eine störende durchsichtige Trennwand installiert, andere Wände — nämlich die Chorschranken — fehlen. Von der Decke
hängen schon die Röhren, ein technischer Klimmzug für die Säulenattrappen. Vor den Fenstern sieht man gotisierende Rahmen. Überhaupt wird viel verkleidet, geschönt und versteckt. Die Pfeiler erhalten
phantastische Lichteffekte mit einem wechselnden Farbspiel, die sich
aber im Bedarfsfall auch „auf Null dimmen" lassen, wobei sie dann so
aussehen, als wären sie nur aus Stein. Das Gewölbe wird als Stuck in
Anlehnung an das zerstörte nachgebildet.

Man darf gespannt sein, was die Architekturkritik dazu sagen wird.
Einige Bemerkungen sind schon gefallen: Disneyland, Las Vegas,
Ericks Lampenladen, Angekommen in Osteuropa (Bartetzky, 2012).
Die Frankfurter Allgemeine schreibt am 5. Mai: postsowjetischer Neu-
russenschick. Über Geschmack lässt sich nicht streiten. Aber etwas
mehr Respekt und Demut vor dem Ort haben wir schon erwartet. Auch
etwas mehr Bescheidenheit hätte dem Bau besser zu Gesicht gestanden.
Wir haben acht Jahre lang verzweifelt versucht, das Schlimmste zu verhindern. Wir wurden nicht erhört.

Vorangegangene Universitätsleitungen haben Entscheidungen gefällt, die das Projekt in diese Richtung getrieben haben. Kulturhaus oder
Kirche, das war hier die Frage. Aula in der Kirche wäre die vernünfti-

Augusteum um 1950 (l. o.), FDJ-Aufmarsch auf dem Karl-Marx-Platz, vor 1968 (l. u.)

ge und auch historisch begründbare Antwort gewesen und ist sie auch heute noch. Toleranz statt Abschottung. Korrekturen wären möglich gewesen, waren bzw. sind aber politisch nicht gewollt oder scheiterten an den Urheberrechtsansprüchen des Architekten. „Religion ist [...] der Geist geistloser Zustände. Sie ist das Opium des Volks. [...] Es ist also die Aufgabe der Geschichte, nachdem das Jenseits der Wahrheit verschwunden ist, die Wahrheit des Diesseits zu etablieren", schrieb Karl Marx 1844 in „Zur Kritik der Hegelschen Rechtsphilosophie". Das war der Stand der Religionskritik vor 170 Jahren. Es führt eine direkte Linie von der These des jungen Marx zur Sprengung der Universitätskirche. Diese war für Leipzig und andere Orte der DDR die von Marx geforderte „Wahrheit des Diesseits". Unsere hierzulande zwangsweise im Marxismus geschulte Generation hat es erlebt. Wir wissen also, wovon wir reden. 1989 glaubten wir, dies überwunden zu haben. Warum tut man sich 24 Jahre nach dem Ende der kommunistischen Herrschaft in Deutschland so schwer, das einfache Wort Universitätskirche auszusprechen?

Nun steht sie hier, die Kirche aus Beton. Sie steht genau auf der Fläche, wo die Dominikaner 1240 ihre Klosterkirche errichteten. Dennoch: In Anbetracht der Widerstände und Widrigkeiten bei dem Bemühen um den Wiederaufbau der Universitätskirche erscheint dies fast wie ein Wunder.

Kirchen wurden in Jahrhunderten erbaut. In 30 oder in 80 Jahren, wenn das Urheberrecht erlischt, können unsere Urenkel es besser machen. Da wartet auch noch die Öffnung der Etzoldschen Sandgrube mit vielen Schätzen. Nur, die Urenkel werden nie wieder so viel Geld haben.

Zeichen der Hoffnung

Ulrich Stötzner

Die Sprengung der Universitätskirche St. Pauli zu Leipzig war ein politischer Gewaltakt. Ihr Wiederaufbau bzw. ihre Wiedergewinnung hatte einen architektonischen, einen kunsthistorischen, einen theologischen und eben auch einen politischen Aspekt. Die Mütter und Väter des Paulinervereins hatten zunächst die Rekonstruktion der einmalig schönen und vollkommenen Westseite des Augustusplatzes im Sinn. Ob dieses Vorhaben zu kühn war, sei dahingestellt. Wir haben aber versucht, unsere Bemühungen aufzuzeigen. Dabei sollten das Für und Wider der Debatte deutlich geworden sein. Nach einem langen und schwierigen Diskussions- und Entscheidungsprozess war schließlich eine Lösung gefunden worden, mit der Gegner und Befürworter der Wiederaufbauidee sich abfinden konnten. Diese Lösung versprach Frieden. Doch: Ein Kompromiss ist ein Kompromiss, und wenn die eine Seite diesen verlässt, dann ist es keiner mehr. Der Paulinerverein hat von Anfang an das Gespräch mit der Universität gesucht. Leider waren diese Bemühungen wenig erfolgreich, wenn wir überhaupt angehört wurden.

Was die Kontakte zum Bauherrn, also zur Staatsregierung, betraf, so gab es hier zumindest Verständnis für unsere Vorstellungen, wenngleich die Forderungen der Universität konsequent erfüllt wurden. Wir zogen die traurige Bilanz, dass Machtfragen vor Sachfragen den Vorrang hatten. Die einseitige Darstellung der Debatte in der Leipziger Volkszeitung gab dem Paulinerverein zudem die Rolle des Streithammels. Kaum ein Artikel über die Universitätskirche kam ohne das Wort „Streit" aus. Alle Bemühungen um eine Versachlichung der Diskussion scheiterten an Voreingenommenheit. Eine Polemik, die verärgert, wenn man sich ins Gedächtnis ruft, dass der Verein das Satzungsziel „Unterstützung der Universität" festgeschrieben hat. Wie kann es sein, dass eingeworbene Spendengelder in Höhe von 200 000 Euro für die

Der Paulus-Altar nach seiner Rückkehr in der Universitätskirche

Restaurierung der geretteten Kunstgegenstände nicht angenommen werden?

Dennoch war die Arbeit der Bürgerinitiative in nunmehr 23 Jahren nicht umsonst. In der DDR wurde die Universitätskirche nach der Sprengung totgeschwiegen. Eine wichtige Aufgabe des Vereins bestand deshalb darin, dieses verlorene Bauwerk wieder ins Bewusstsein der Stadtbevölkerung zu bringen. Dies ist gelungen.

Ohne den Paulinerverein stünde an der Stelle der ehemaligen Universitätskirche wahrscheinlich jetzt etwas ganz anderes. So steht heute wieder für alle sichtbar eine Universitätskirche, auch wenn mancher das nicht wahrhaben will.

In Detailfragen waren kleine Lichtblicke erkennbar, so z. B. die Aufstellung der Epitaphien im Augusteum an der Südwand der Kirche, wo ursprünglich der Kreuzgang lag und wo zunächst die Toiletten vorgesehen waren. Auch die Rückführung des Paulusaltars aus der Thomaskirche war anfangs nicht geplant und ist nun doch Realität.

Die Gestaltung des Innenraumes erinnert zwar an den Vorgängerbau und wird Manchem auch gefallen, doch hätten wir uns mehr Achtung vor der Geschichte und Unterordnung des Raumes unter die vorhandene originale Kunst gewünscht. Hierbei haben wir zunächst verloren. Die Nachgeborenen werden ihr eigenes Urteil fällen.

Es bleiben aus heutiger Sicht dennoch Aufgaben als Fernziele, die z. T. erst nach Erlöschen des Urheberrechts realisiert werden können: die vollständige Restaurierung und Rückführung aller Epitaphien in die Kirche, die Überführung des Gellert-Sargs vom Südfriedhof in die Universitätskirche, eine Erinnerung an die Grabstätte Paul Luthers, die Öffnung der Etzoldschen Sandgrube und die Hebung der dort ver-

Epitaphien im Neuen Augusteum

Neues Augusteum und Universitätskirche 2014

schütteten Reste des Kulturgutes, der Einbau der Chorschranken, die Vollendung der gekappten Pfeiler bis zum Fußboden, der Einbau von Seitenemporen, der Verzicht auf die Lichteffekte und schließlich der Ausbau der Trennwand, technisch kein Problem. Vielleicht grüßt eines fernen Tages auch wieder ein Kreuz von der Turmspitze. Das originale Kreuz vom Dachreiter liegt unter Trümmerschutt in der Sandgrube.

Die Vernichtung einer intakten Kirche sollte ein Schlag gegen die Kirchen in der DDR und Ausdruck der Stärke der SED sein. Die neue Universitätskirche ist zugleich eine Mahnung gegen das Vergessen der über 60 Kirchen, die in der Sowjetischen Besatzungszone bzw. später in der DDR gesprengt oder abgetragen wurden. Es gibt ein tiefes menschliches Bedürfnis nach Wiederherstellung des Rechts, nach Heilung eines Unrechts.

Letzten Endes kommt es darauf an, wie die akademische Jugend, die Angehörigen der Universität und die Bürger dieser Stadt dieses Haus annehmen werden. Wir haben uns bemüht, etwas Ähnliches am historischen Platz entstehen zu lassen. Die Kirche mit geistigem und geistlichem Leben zu erfüllen ist die Aufgabe zukünftiger Generationen. In diesem Sinn ist der Neubau der Universitätskirche St. Pauli zu Leipzig ein Zeichen der Hoffnung.

Anhang

Zeittafel zur Geschichte der Universitätskirche

(nach Petzoldt 2003)

1229	Gründung des Leipziger Dominikanerkonvents
1231	Die Dominikaner gründen ihre Klosterkirche
1240	Weihe der Klosterkirche
1485–1521	Umbau zur gotischen Hallenkirche
1543	Übereignung der Kirche an die Universität, Nutzung als Aula
1545	Martin Luther predigt anlässlich der Umwidmung zur evangelischen Universitätskirche
1643	Sicherungsarbeiten an der Stadtmauer, dabei Verkürzung des Chorraumes
1709–1712	Barocke Umgestaltung des Innenraums, Errichtung des barocken Westportals
seit 1710	Regelmäßige Gottesdienste an Sonn- und Feiertagen (bis 1968 ohne Unterbrechung)
1723–1750	Wirkungszeit Johann Sebastian Bachs in Leipzig, auch an der Universitätskirche
1738	Errichtung der barocken Kanzel von Valentin Schwarzenberger
1838	Errichtung einer klassizistischen Chorfassade durch Albert Geutebrück
1847	Trauerfeier für Felix Mendelssohn Bartholdy
1891–1897	Umbau des Ostgiebels durch Arwed Roßbach im Stil der Neugotik
1897–1899	Errichtung eines Turmes
1907	Max Reger Universitätsmusikdirektor
1943	Bombenangriff auf Leipzig. Zerstörung fast aller Gebäude am Augustusplatz. Rettung der Universitätskirche durch Professoren und Studenten der Theologischen Fakultät, die Brandbomben auf dem Dachboden beseitigten
Seit 1943	Mitnutzung der Universitätskirche durch die ausgebombte römisch-katholische Propsteigemeinde St. Trinitatis
7. Mai 1968	Beschluss des Politbüros der SED zum Abriss der Universitätskirche

17. Mai 1968 Sitzung des Senats der Karl-Marx-Universität: Dankadresse an Walter Ulbricht; Protest der Theologischen Fakultät durch den Dekan Professor Amberg

23. Mai 1968 Himmelfahrt. Letzter evangelischer Universitätsgottesdienst und letzte katholische Messe. Beschluss der Stadtverordneten zur Sprengung der Universitätskirche

30. Mai 1968 9.58 Uhr Sprengung der Universitätskirche

Zeittafel zur Konfliktgeschichte

Seit den 1950er Jahren drängt die Leitung der Karl-Marx-Universität beim SED-
Politbüro wiederholt auf die Beseitigung „der Altbausubstanz"
am Augustusplatz und die Schaffung einer „modernen sozialistischen Universität". (Winter, 1998)

1959   Erste Pläne werden bekannt, im Zusammenhang mit der Umge-
                staltung des Karl-Marx-Platzes zu einem „sozialistischen" Platz
                die Paulinerkirche zu eliminieren.

30. Mai 1968   Sprengung der vollständig unversehrten Kirche

20. Juni 1968   Preisträgerkonzert des Internationalen Bachwettbewerbes: Eine
                Gruppe junger Physiker entrollt ein Plakat mit dem Abbild der
                Paulinerkirche und dem Schriftzug „Wir fordern Wiederaufbau"

Ab 1970   Neubau der Universitätsgebäude

1992   Gründung der Bürgerinitiative zum Wiederaufbau von Universi-
                tätskirche und Augusteum (Paulinerverein e.V.) auf der ideellen
                Basis der Proteste von 1968.

2001   Realisierungswettbewerb zur Neu- und Umgestaltung des inner-
                städtischen Universitätskomplexes am Augustusplatz. Kein ers-
                ter Preis, zweiter Preis an Behet und Bondzio.

Dez. 2001   Brief der 27 Nobelpreisträger, initiiert von Nobelpreisträger
                Günter Blobel

2002   „Aufruf an die Freunde der Paulinerkirche" des Paulinervereins
                mit über 300 Unterschriften

Januar 2003   Beschluss der Sächsischen Staatsregierung zum Wiederaufbau
                der Paulinerkirche, daraufhin Rücktritt des Rektors Professor
                Volker Bigl

16. April 2003 Stadtratssitzung. Ablehnung des Wiederaufbaus der Universi-
                tätskirche

August 2003   Qualifizierungsverfahren zum Bereich ehemaliger Standort Pau-
                linerkirche für die Neubebauung mit einer Aula/Kirche

März 2004   Der Entwurf des Niederländers Erick van Egeraat erhält den ers-
                ten Preis

Januar 2005	Beschluss der Mitgliederversammlung des Paulinervereins, seine Ziele auf der Basis dieses Entwurfs, so wie er im Wettbewerbsergebnis gezeigt wurde, weiterzuverfolgen.
Oktober 2005	Verkürzung des Gesamtraums um ein Joch im Westen. Sog. Andachtsraum auf zwei Joche beschränkt.
Nov. 2005	Korrektur dieses Entwurfs: „Andachtsraum" auf drei Joche vergrößert, drei Pfeilerpaare im Schiff gekappt. Verbliebene als Glas-, Leucht- und Hängesäulen ausgebildet.
31. Januar 2006	Beschluss der Baukommission zu diesen Veränderungen
Juli 2007	Baubeginn
26. Sept. 2008	Beschluss der Baukommission zum Einbau einer Plexiglas-Trennwand
21. Okt. 2008	Richtfest
Dez. 2008	Vereinbarung über – den Namen des Gebäudes „Paulinum/Aula. Universitätskirche St. Pauli" – die kirchliche Nutzung für Universitätsgottesdienste – die Rückführung der geborgenen Kunstwerke an ihren historischen Ort – den verbleibenden Dissens zur Raumteilung
23. Jan. 2009	Insolvenz des Architekten Erick van Egeraat. Kündigung. Baustop
2. Dez. 2009	600-Jahrfeier der Universität auf der Baustelle der Universitätskirche
7. Dez. 2009	Zweiter Advent. Erster Gottesdienst im Rohbau
25. März 2010	Fortführung des Architektenvertrags, beschränkt auf die Kirche
31. Okt. 2010	Reformationsfest. Zweiter Gottesdienst im Rohbau
27. Okt. 2012	Anlieferung der Glaswand, anschließend Einbau
Sept. 2013	Nutzungskonzept für die Universitätskirche mit den Szenarien Festvortrag, große und kleine „Andacht", Konzert, Szenenspiel, Festkolloquium, Festveranstaltung, Bankett/Event, Vollversammlung
Nov. 2013	Aufstellung der Kanzel auf unbestimmte Zeit verschoben. Bildung einer „Kanzelkommission"
Oktober 2014	Rückkehr des Paulus-Altars aus der Thomaskirche

Gründer der Bürgerinitiative

Irene Altmann, Friedrich Brauer, Joachim Busse, Detlef Claus, Birk Engmann, Ursula Funke, Christine Genest, Götz Genest, Martin Helmstedt, Otto Künnemann, Friedrich Mühlberg, Dieter Oppermann, Franz-Viktor Salomon, Carl-Ludwig Weiss

Vorstände des Paulinervereins

15. 1. 1992–1993
Franz-Victor Salomon, Joachim Busse, Martin Helmstedt, Irene Altmann, Götz Genest, Otto Künnemann, Carl-Ludwig Weiss, Christine Genest

1993–1995
Franz-Victor Salomon, Joachim Busse, Martin Helmstedt, Irene Altmann, Götz Genest, Detlef Grösel, Otto Künnemann, Christine Genest

1995–1998
Martin Helmstedt, Detlef Grösel, Birk Engmann, Irene Altmann, Ursula Funke, Martin Kamprad, Robert Kluge, Hans-Christoph Müller, Otto Künnemann

1998–2000
Martin Helmstedt, Wolfram Behrendt, Detlef Grösel, Birk Engmann, Martin Kamprad, Hans-Christoph Müller, Wolfgang Unger, Otto Künnemann

2000–2001
Wolfram Behrendt, Birk Engmann, Detlef Grösel, Martina Güldemann, Martin Kamprad, Robert Kluge, Luise Rummel, Otto Künnemann

2001–2003
Günter Blobel, Martin Helmstedt, Manfred Wurlitzer, Ulrich Becker, Jens Bulisch, Jutta Schrödl, Christian Tauchnitz

2004–2006
Ulrich Stötzner, Christian Jonas, Eckhard Koch, Martina Gerhardt, Helga Hassenrück, Thorsten Reich, Wilfried Richard

2006–2015
Ulrich Stötzner, Christian Jonas, Gerd Mucke, Martina Gerhardt, Helga Hassenrück, Thorsten Reich, Wilfried Richard

Literaturverzeichnis

Abbe, Thomas / Stieler, Volker / Hofmann, Michael: *Redefreiheit – Öffentliche Debatten der Bevölkerung im Herbst 1989.* Leipzig: 2014, 242.

Altrock, Uwe u. a.: *Positionen zum Wiederaufbau verlorener Bauten und Räume.* Berlin: BMVBS 2010. Forschungen Heft 143.

Autorenkollektiv: *Universitätskirche Leipzig – Ein Streitfall?* Leipzig 1992.

Bartetzky, Arnold: *Endlich in Osteuropa angekommen.* db deutsche bauzeitung 12.2012.

Beck, Mario: *Interview mit C. Weiss.* Leipziger Volkszeitung, 1. Oktober 1994, Sonderausgabe 100 Jahre LVZ, 119–120.

Busse, Joachim: Wiederaufbau ist denkbar. Leipzig: Sächsisches Tageblatt, 1. 3. 1991, 10.

Busse, Joachim: *Historische Architektur ist wiederherstellbar.* Hrsg. vom Paulinerverein e. V. Leipzig 1993, 20 S.

Eidam, Klaus: *Das wahre Leben des Johann Sebastian Bach.* München/Zürich 1999.

van Egeraat, Erick (2004): *Architektur der Erinnerung und Zukunft.* Qualifizierungsverfahren zum Bereich ehemaliger Standort Paulinerkirche zur Neubebauung mit einer Aula/Kirche.

Engmann, Birk: *Der große Wurf.* Vom schwierigen Weg zur neuen Leipziger Universität, Beucha 2008.

Finger, Evelyn: *Die Angst vor der Kirche.* DIE ZEIT Nr. 23 (29. 5. 2008).

Fritzsch, Günther: *Gesicht zur Wand.* Leipzig 1993.

Fritzsch, Harald: *Flucht aus Leipzig.* München 1990.

Goerlich, Helmut / Schmidt, Torsten: *Res sacrae in den neuen Bundesländern – Rechtsfragen zum Wiederaufbau der Universitätskirche in Leipzig.* Berlin 2009.

Hartmann, Grit: *Zone drei gesprengt, Das Geheimnis der Gebeine von St. Pauli.* Auf den Spuren einer barbarischen Mission. Berlin: Berliner Zeitung 29. 9. 2007.

Haugk, Albert: *Die Paulinerkirche.* In: Leipzig als Stätte der Bildung. Berlin 1919, 76ff.

HELMSTEDT, MARTIN: *Wiedergewinnung eines Zentrums.* Universität Leipzig 1997, Heft 2, 16.

HELMSTEDT, MARTIN: *Universitätskirche – Wiederaufbau ja oder nein?* Universität Leipzig 1998, Heft 3, 9–10.

HILLER VON GAERTRINGEN, RUDOLF (Hrsg.): RESTAURO Epitaphien aus der Universitätskirche St. Pauli. Leipzig 2013.

HOFMANN, HANS: *Gottesdienst und Kirchenmusik in der Universitätskirche zu St. Pauli Leipzig seit der Reformation (1543–1918),* aus: Beiträge zur Sächsischen Kirchengeschichte. Leipzig 1918. Heft 32, 119–151.

HÜTTER, ELISABETH: *Die Pauliner-Universitätskirche zu Leipzig.* Weimar 1993.

HÜTTER, ELISABETH / MAGIRIUS, HEINRICH / WERNER, WINFRIED: *Evangelisch-lutherische Universitätskirche* St. Pauli. In: Die Bau- und Kunstdenkmäler von Sachsen, Stadt Leipzig, Die Sakralbauten. Berlin/München 1995, 487.

KOCH, DIETRICH: *Das Verhör.* Zerstörung und Widerstand. Dresden 2000.

KOCH, DIETRICH / KOCH, ECKHARD: *Kulturkampf in Leipzig.* Forum-Verlag Leipzig 2006.

LANDWEHR, GORDIAN: *Was ich erleben durfte.* Graz/Wien/Köln 1995, 184ff.

LÖFFLER, KATRIN: *Die Zerstörung.* Dokumente und Erinnerungen zum Fall der Universitätskirche Leipzig, Leipzig 1993.

MAI, HARTMUT: *Die Universitätskirche* St. Pauli *zu Leipzig.* In: Geschichte der Universität Leipzig 1409 bis 2009, Band 5. Leipzig 2009, 116–117.

MILOSEVIC, CHRISTIN: *Robert Köbler als Universitätsorganist.* Reihe Musikstadt Leipzig. Studien und Dokumente. Hamburg 2008.

PETZOLDT, MARTIN: *Universitätskirche* St. Pauli *und Universitätsgottesdienst.* Eine historische Übersicht. Beiträge zur Leipziger Universitäts- und Wissenschaftsgeschichte. Leipzig 2003. 129–135.

PETZOLDT, MARTIN: *Die Altäre der Thomaskirche zu Leipzig, Taufstein und Kanzeln.* Leipzig 2012. 100.

RIEDEL, HORST: *Stadtlexikon Leipzig von A bis Z.* Hrsg. von Pro Leipzig. Leipzig 2005, 589.

SCHIRDEWAN, KARL: *Aufstand gegen Ulbricht.* Berlin 1995, 36.

SCHRÖDL, JUTTA / UNGER, WOLFGANG / WERNER, PETER (Hrsg.): *Installation Paulinerkirche.* Leipzig 1998.

SCHWABE, CHRISTOPH: *Das Schicksal der beiden Orgeln der Leipziger Paulinerkirche.* Weida 2014.

SPITTA, PHILLIPP: *Johann Sebastian Bach.* Leipzig 1953, 172ff.

WAHL, TORSTEN: *Ein Abriß der Geschichte.* LVZ, 13. 5. 1991.

WEINKAUF, BERND: *Der rote Platz von Leipzig.* Berlin: Das Magazin 1985, Heft 12, 20ff.

WELZK, STEFAN: *Leipzig 1968*. Unser Protest gegen die Kirchensprengung und seine Folgen. Leipzig 2011.

WINTER, CHRISTIAN: *Gewalt gegen Geschichte*. Der Weg zur Sprengung der Universitätskirche Leipzig. Leipzig 1998.

WURLITZER, MANFRED: *Universitätskirche* St. Pauli *zu Leipzig*. Kulturelle Schätze im Visier der Staatssicherheit. Leipzig o. J.

WURLITZER, MANFRED: *Vergessene Kunstschätze der Leipziger Universitätskirche St. Pauli*. Leipzig 2007.

WURLITZER, MANFRED: *Universitätskirche* St. Pauli *zu Leipzig*. Kunstwerke, Grabstätten, missachtet, zerstört, vergessen. Leipzig 2011.

WURLITZER, MANFRED: *Das neue Grabmahl des Chirurgen Daniel Schmid auf dem Leipziger Südfriedhof*. Leipzig 2010.

WURLITZER, MANFRED / ZUMPE, WIELAND: *Zerstörte Grabstätten der Leipziger Universitätskirche nach Berichten von Zeitzeugen*. Leipzig o. J.

ZUMPE, WIELAND: *Archiv Paulinerkirche Universität Leipzig / Forum Wiederaufbau*. www.paulinerkirche.org 2007–2009.

Verfasser der Beiträge

JOST BRÜGGENWIRTH – geb. 1968. Dipl.-Kaufmann. Bankangestellter. Vorsitzender des Kuratoriums der Stiftung Universitätskirche St. Pauli.

Prof. Dr. HELMUT GOERLICH – geb. 1943. Jurist. 1992–2008 Professur für Staats- und Verwaltungsrecht, Verfassungsgeschichte und Staatskirchenrecht an der Universität Leipzig.

Dr. DANKWART GURATZSCH – geb. 1939. Journalist. Seit 1970 Korrespondent Städtebau/Architektur DIE WELT. Kurator der Deutschen Stiftung Denkmalschutz.

HELGA HASSENRÜCK – geb. 1948. Theologin. 1976–2011 im Lektorat für Alte Sprachen an der Theologischen Fakultät der Universität Leipzig. Seit 2004 im Vorstand des Paulinervereins.

Prof. Dr. CHRISTOPH MICHAEL HAUFE – 1932–2011. Theologe. 1990–1997 Professur an der Theologischen Fakultät der Universität Leipzig. Domherr zu Meißen. Initiator der „Freunde der Universitätskirche". Kurator der Stiftung Universitätskirche St. Pauli.

Dr. CHRISTIAN JONAS – geb. 1940. Dipl.-Ingenieur. 1992–2004 Wissenschaftlicher Mitarbeiter im Umweltforschungszentrum. 1990–1994 und 1998–2004 Stadtrat in Leipzig. Seit 2004 stellvertretender Vorsitzender des Paulinervereins.

Dr. ERICH LOEST – 1926–2013. Journalist. Schriftsteller. Ehrenbürger der Stadt Leipzig.

Prof. Dr. RÜDIGER LUX – geb. 1947. Theologe. 1995–2012 Professur an der Theologischen Fakultät der Universität Leipzig. 2009–2012 Erster Universitätsprediger. Kurator der Stiftung Universitätskirche St. Pauli.

Prof. Dr. HEINRICH MAGIRIUS – geb. 1934. Kunsthistoriker. 1994–1999 Landeskonservator im Landesamt für Denkmalpflege Sachsen.

WILFRIED RICHARD – geb. 1937. Physiker. 1995–2002 Leiter EDV in Leipziger Kliniken. Seit 2004 im Vorstand des Paulinervereins.

Dr. TORSTEN SCHMIDT – geb. 1973. Jurist. Seit 1999 Rechtsanwalt. Seit 2002 Lehrauftrag an der Universität Leipzig. Kurator der Stiftung Universitätskirche St. Pauli.

Dr. FRIEDRICH SCHORLEMMER – geb. 1944. Theologe. 1971–1978 Studentenpfarrer in Merseburg. 1978–1992 Dozent am Evangelischen Predigerseminar in Wittenberg. 1992–2007 Studienleiter der Evangelischen Akademie Sachsen-Anhalt.

YORK STUHLEMMER – geb. 1966. Dipl.-Ing. Architekt. Eigenes Architekturbüro für Denkmalpflege in Berlin.

NATALIE K. WATSON – geb. 1968. Theologin. Senior commissioning editor in London.

CHRISTIAN WOLFF – geb. 1949. Theologe. 1992–2014 Pfarrer an der Thomaskirche in Leipzig. Berater für Kirche, Politik und Kultur.

Dr. MANFRED WURLITZER – geb. 1934. Physiker. 1968–1999 Oberassistent und Wissenschaftlicher Mitarbeiter an der Universität Leipzig, 2002–2003 stellvertretender Vorsitzender des Paulinervereins.

Die Autoren

PD Dr. Martin Helmstedt
geb. 1938. Chemiker. 1984–2003 Oberassistent und wissenschaftlicher Mitarbeiter an der Universität Leipzig, 1992–1995 stellv. Vorsitzender, 1995–2000 Vorsitzender, 2002–2003 stellv. Vorsitzender des Paulinervereins. Kurator der Stiftung Universitätskirche St. Pauli.

Dr. Ulrich Stötzner
geb. 1937. Geophysiker. 1963–1990 Messtruppleiter und wissenschaftlicher Mitarbeiter im VEB Geophysik Leipzig.
1990–2001 Geschäftsführer der Geophysik GmbH/GGD in Leipzig. Seit 2004 Vorsitzender des Paulinervereins, Kurator der Stiftung Universitätskirche St. Pauli.

Bildnachweis

Archiv Horst Riedel (S. 18 u.), Archiv ehem. SED-Bezirksleitung (S. 37 l., 38), Archiv Gewandhaus zu Leipzig (S. 28 r., 29 o. r.), Archiv Leipziger Universitätsmusik (S. 29 u. r.), Archiv Paulinerverein (S. 37 r., 64, 71 o.), Archiv Paulinerverein / Martin Helmstedt (S. 51, 66), Archiv Universität Leipzig / ZFF (S. 148, 224), Archiv Gudrun Vogel (S. 86), Johann-Georg Baumgärtel (S. 126), BILD Leipzig / Aneka Dollmeyer (S. 180), BILD Leipzig / Silvio Bürger (S. 215), Nikolaus Brade (S. 152 o.), BstU Lpz. AU335/72 (S. 61, 62), Bürger pro Uni (S. 150), Bundesarchiv (S. 118 l.), Aneka Dollmeyer (S. 247 u.), DPA / Picture alliance (S. 115, 221), Erick van Egeraat (S. 91, 98, 99, 104, 108, 109, 135), Harry Halank (S. 32), Martin Helmstedt (S. 6, 26, 27, 34, 44, 68, 69, 70, 71 u., 74, 75, 76, 100, 124, 142, 182, 183, 247 o.), Elisabeth Hütter (S. 17), Christian Jonas (S. 114, 157, 195, 207, 230, 233), Evangelisch-Lutherische Landeskirche Sachsens, Kanzlei des Landesbischofs (S. 119 l.), Kreuzer (S. 85, 95), Kunstbesitz der Universität Leipzig / Martin Helmstedt (S. 18 o., 57), Kunstbesitz der Universität Leipzig / Gustav Hetzell (S. 16), Kustodie der Universität Leipzig / Erich Kirsten (S. 190), Kustodie der Universität Leipzig / Herbert Zschunke (S. 15, 218), Kunstsammlung Leipziger Hof / Wilfried Richard (S. 65), Andreas Kempner (S. 186), LVZ / Krabbes (S. 36), Nachlass Robert Lauterbach (S. 41, 42), Martin U. K. Lengemann (S. 214 l.), Gerd Mothes (S. 214), Gerd Mucke (Titel, S. 132, 133, 231), Nadine Nill (S. 173), Juliane Njankouo (S. 214), Pressestelle Bistum Dresden-Meißen (S. 118 r.), Wilfried Richard (S. 88, 116, 128, 140, 160, 174, 184, 220), Stadtbibliothek Leipzig (S. 22), Stadtgeschichtliches Museum Leipzig (S. 16), Stadtgeschichtliches Museum / Joachim Ernst Scheffler (S. 20), Stadtgeschichtliches Museum / Punctum Peter Franke (S. 196), Stadtgeschichtliches Museum / Sammlung Jost (S. 28 l., 29 o. l.), Stiftung Universitätskirche St. Pauli / Jost Brüggenwirth (S. 164, 169, 212), Andreas Stötzner (S. 21, 189, 206), Ulrich Stötzner (S. 2, 31, 58, 59, 191, 223, 228), York Stuhlemmer (S. 202, 203, 204), Karin Wieckhorst (S. 152 u.), Wikipedia (S. 119 r.), Manfred Wurlitzer (S. 136, 138, 139). Trotz intensiven Bemühens war es uns leider nicht möglich, bei allen Bildern die Rechteinhaber ausfindig zu machen. Hinweise nimmt der Verlag dankend entgegen.